U0478880

全国幼儿教师培训用书

丛书主编：袁爱玲

幼儿园文案轻松写

张莉 李平 编著

海峡出版发行集团 | 福建教育出版社

总　序

如今，在幼教界最热的话题之一就是"幼儿教师专业成长"。时代列车一日千里，幼儿教师若想赶上这趟时代快车，就必须让自己在专业上持续快速地成长。对此，教师们自身应有清醒的认识并积极奋斗。与此同时，各级政府和社会力量也正在努力营造让幼儿教师轻松实现专业成长的条件与氛围。我们组织编写的这套"全国幼儿教师培训用书"正是为了满足幼儿教师加速专业成长的需求。

此套丛书的编写理念是以幼儿教师为中心，走进教师们的专业生活、精神生活甚至是日常生活，聚焦她们频繁遇到的问题，以面对面、心贴心的亲切感来分析解决幼儿教师们的困惑、谜团、问题与困难。这套丛书由《幼儿园教学具设计与使用指导》《幼儿教师教学基本策略》《幼儿园生活活动指导》《幼儿教师如何做教科研》《家园沟通的艺术》《国外幼儿教育考察》《幼儿教师心理调适》《幼儿园数学学具的设计与使用》《幼儿园文案轻松写》《幼儿园民间体育游戏课程》《幼儿园教学活动再设计与实施指导》《幼儿学习活动的观察与指导》《幼儿教师如何提升实践反思能力》等构成，内容基本涉及幼儿教师专业生活的方方面面。

放眼世界学前教育对幼儿教师专业成长的研究，可归纳为三种主要的价值取向，即专业技术取向、实践反思取向、文化生态取向。我们认为这三种专业发展与成长的价值取向并非是对立关系，而是各有所长的互补关系。因为，幼儿教师这个职业虽然不比医生、律师的专业度高、技术性强，但也绝不是没有专业性、技术性的职业，因而非本专业的人是绝对做不好此项工作的，必须经历一定程度的专业学习才可胜任。而且，现实也清楚地显示幼儿教育专业毕业的人并不是立即就能做好此项工作，还必须经历一定时间的实践，并通过不断反思，才能将学科知识、教育教学知识以及关于教育对象——幼儿的知识有机地整合在一起，形成实践智慧，成为专业熟手。也就是说专业知识和专业技能本身并不等于教育教学中的实践智慧。现实还告诉我们，每个教师的专业成长绝不仅仅是单纯的、孤立的个人行为，恰如一粒种子本身并不能完全决定自己的长势和果实，种在不同质量的土壤中，其成长的样态和果实会大不相同。遇上肥沃的土壤，其长势就好，果实就佳；反之则不然。这也就是说，教师个体的专业成长与其所在园所或地区的文化生态环境关系密切。

因此，综合这三种专业发展取向，我们这套丛书力求提供有专业度的指导，但又不是干巴巴的说教，尽可能将专业知识还原到具体的情境中，让它们鲜活起来。与此同时鼓励老师们学与做结合，边做边反思，而不以书本为教条。我们更建议幼儿园打造学习型组织，形成学习共同体，培养终身学习的理念和终身学习的习惯，在这样的园所文化生态环境下，每个幼儿教师的专业成长才能持续，才能提速，才能搭上时代快车。

由于编写人员来自全国各地许多高校和幼儿园，在写作中互动沟通难免不够密切，加之能力水平所限，令这套丛书距离我们的预期目标可能会有不少差距，也会有众多不足，万望广大幼儿教师朋友们不吝赐教，以便再版时修改完善。

华南师范大学　袁爱玲
2012 年 3 月 10 日

目 录

第一章 幼儿园文案写作概述 ……………………………………… 1

第一节 幼儿园文案写作的内涵与作用/2
一、什么是幼儿园文案写作/2
二、幼儿园文案写作的意义/3

第二节 幼儿园文案的文体特征和要点/5
一、幼儿园文案的文体特征/5
二、幼儿园文案写作的基本要点/7

第二章 幼儿园文案写作的原理 ……………………………………… 9

第一节 "谁来写":明确写作主体/10
一、写作主体素养的提升/10
二、写作主体能力的培养/15

第二节 "写什么":走近写作客体/24
一、写作客体的含义/24
二、写作客体的类型/24

三、写作客体的价值/26

　第三节　"如何写"：触摸写作载体/28

　　一、主题/29

　　二、材料/29

　　三、结构/32

　　四、语言/36

　第四节　"为谁写"：对话写作受体/38

　　一、写作受体的概念/39

　　二、写作受体的心理特征/41

　　三、写作主体的"受体意识"/43

第三章　计划、总结类文案的撰写 …………………………… 47

　第一节　计划、总结类文案概述/48

　　一、计划类文案概述/48

　　二、总结类文案概述/50

　第二节　综合类计划、总结文案的撰写/51

　　一、综合类计划文案的写作要点及示例/51

　　二、综合类总结文案的写作要点及示例/64

　第三节　专题类计划、总结文案的撰写/76

　　一、专题类计划文案的写作要点及示例/76

　　二、专题类总结文案的写作要点及示例/78

第四章　教学类文案的撰写 …………………………………… 85

　第一节　教学类文案概述/86

　　一、教学类文案的类型/86

二、教学类文案的特点/86

　第二节　活动教案的撰写/87

　　一、活动教案的类型/87

　　二、活动教案的写作要点及示例/88

　第三节　教学反思的撰写/94

　　一、教学反思的涵义/95

　　二、教学反思的特征/96

　　三、教学反思的写作要点及示例/96

第五章　教育类文案的撰写 …………………………………… 103

　第一节　教育类文案概述/106

　　一、教育类文案的类型/106

　　二、教育类文案的特点/108

　第二节　教育随笔的撰写/110

　　一、教育随笔的特点/111

　　二、教育随笔的写作要点及示例/112

　第三节　观察记录的撰写/122

　　一、观察记录概述/123

　　二、观察记录的写作要点及示例/126

第六章　家长工作类文案的撰写 ……………………………… 135

　第一节　家长工作类文案概述/136

　　一、家长工作类文案的类型/136

　　二、家长工作类文案的特点/140

　第二节　家长会工作文案的撰写/141

一、家长会工作文案的特点/143

二、家长会工作文案的写作要点及示例/145

第三节　家长开放日工作文案的撰写/151

一、家长开放日工作文案概述/151

二、家长开放日工作文案的写作要点及示例/154

第四节　家园沟通中幼儿评语的撰写/162

一、家园沟通中幼儿评语的撰写概述/163

二、家园沟通中幼儿评语的写作要点及示例/167

第一章　幼儿园文案写作概述

【内容提要】

随着教育改革的推进，幼儿教师经常要写各种各样的文案。要想写好此类教育文案，我们首先要理解什么是幼儿园文案写作，为什么要写教育文案，教育文案具有怎样的文体特点，其基本的写作要点是什么。本章将对这几个方面进行阐述。

第一节　幼儿园文案写作的内涵与作用

一、什么是幼儿园文案写作

（一）幼儿园文案写作的概念

幼儿园文案写作是幼儿教师在一定的教育理念指引下，运用书面语言能动地反映教育教学生活、传递相关信息的过程，是一种熟练运用语言文字，准确表情达意，构制"辞采篇章"的技能或技巧，是交流思想、倾诉感情、传播教育教学经验的工具和手段。[①] 此类文案的写作，来源于幼儿园教育实践，而较少依赖于文献，是从实践到文本，而不是从文本到文本；是幼儿园内部以及幼儿园之间沟通的一种重要方式，可以起到传递信息、澄清事实、表达观点、交流感情等作用；是幼教工作者进行反思与总结的需要，同时也是保证幼儿园教育教学工作有条不紊地开展，教师实现自身专业发展、提高教育教学效能的有效途径。

对幼儿园内部而言，幼儿园教育教学活动需要制定规章制度，管理过程需要制订年度工作计划、各层面的课程计划；对教师而言，为了有效地开展教育教学活动，需要设计各种教育活动方案，在实施过程中进行记录、反思、总结，以更好地推进教育教学活动。这些文案依托于教师对教育教学活动的分析思考，需要教师有探究教育真谛的诚意，也意味着教师教育实践与理论沟通能力的提高以及自身专业素养的提升。对幼儿园之间而言，各类观察记录以及教师的教育随笔都是互相沟通教育教学经验，传递教育理念的纽带；而各类针对家长群体的活动记录、对幼儿的评语，则是增进幼儿园与社会沟通的渠道，这些已经成为幼儿园与其周围环境之间联结的桥梁。

（二）幼儿园教师文案写作的动机需求

[①] 叶润平. 应用写作 [M]. 合肥：合肥工业大学出版社，2006：1.

幼儿园教师为什么要撰写各类文案？大部分教师会认为是幼儿园要求与评职称的需要，一些教师会认为是自身专业发展的需要，还有一小部分教师则认为写作是个人的兴趣爱好。这个结果符合马斯洛的需要层次理论，人总是要先满足生存需要，才可能产生自身发展和自我实现的需求。因此，同样是撰写工作文案，不同的人就有不同的动机和需求。从动机的发生机制看，幼儿园要求与评职称的需要是通常所说的外部动机，自身专业发展需要和个人兴趣爱好则属于内部动机。外部动机在很大程度上反映了社会发展的大背景对教育行业、教师职业的某种影响和要求。具体到每一个教师的成长，外因还需要通过内因起作用。相比外部动机，内部动机具有稳定和持久的特点，这种高层次的动机和需求能够促使写作者投入更多的时间、精力以及财力物力等，所以也就更有可能达到较高的写作水平。[①] 若是为了功利目的被动地写作，被动地"发展"，教师就无法在此过程中感受到作为教师的乐趣和幸福，就很难形成内部动机，也就很难有所探究、有所发现、有所成就。

二、幼儿园文案写作的意义

幼儿园文案写作来源于教育教学实践，与教育教学实践紧密相连。应该说，幼儿园文案写作既具有对教育实践活动的指导作用，又是对教育实践活动的反思过程，这是教师再实践的基础。

（一）幼儿园文案写作是幼儿园管理工作的重要组成部分

在幼儿园内部有不同的分工，不同的人担任不同的角色、履行不同的职责，因此幼儿园管理者为实现幼儿园的最大效益，就要充分发挥各类文案的指导作用。如根据教育管理部门颁布的政策文件，在学期初制订不同部门的教育教学工作计划，并使其成为幼儿园教育教学活动的基本依据；在学期末撰写工作总结，对阶段性工作进行梳理、评价，为下一阶段工作奠定基础。

（二）幼儿园文案写作是教育教学反思的重要载体

[①] 张肇丰.从实践到文本：中小学教师科研写作方法导论[M].上海：华东师范大学出版社，2011：3—4.

实践反思就是要从纷繁复杂的教育现象和教育行为中，澄清问题，理解意义，提炼价值，阐明思路。而这些澄清、理解、提炼、阐明的途径和形式，主要是通过文本写作进行的[①]，通过书面文字的记录、整理和表达，将当下具体而又零散的事实"抽离"出来，进行不断的"抽丝剥茧"、"深思熟虑"，进行系统深入思考，从而达到"澄清"和"认识"的目的。写作，能帮助教师梳理随机迸发的思考、随意的做法和零散的思绪，并将其系统化；能够帮助教师将教育生活中的问题呈现和提炼出来，在描述现状与意义解释的过程中，对感性认识与理性认识、实践和思想理念进行恰当的融合，对认识进行清晰、深刻的思考。

（三）幼儿园文案写作是一种沟通和评价

对教育生活体验的理解和提炼，以文本的形式呈现，并以一定的方式、在一定的范围内进行交流和沟通，从这个维度上说，幼儿园文案写作带有较强的社会性。一方面，教育经验应该与人分享，以利于幼儿教师之间学习借鉴、共同提高；另一方面，通过交流听取他人的反馈和评价，从而反观自己的教育经验，有助于教师发现自己在教育实践中所缺失的层面，进而促进教育经验沟通交流的深度和广度。

幼儿教师对教育生活体验的思考和提炼，其教育行为的优劣得失，不能完全以教师个人的兴趣爱好、价值判断为标准，而是需要通过一定的公共机制来衡量，如家长、幼儿园管理者、同行对其进行权衡。

（四）幼儿园文案写作是成就教师专业发展的重要途径

教师文案写作与日常工作紧密结合。在教育实践过程中获得的许多体验和感悟往往处于一种混沌状态，教师自身尚未形成清晰的认识，而写作能帮助教师置身场外、澄清思想、拓展视野。以文本形式呈现对教育生活的感悟，在具体与抽象、内隐与外显、分离与重构的交互作用中，教师能逐渐清晰和明确，并超越具体经验，重新审视教育实践中涌现的问题，找到问题的症结

---

① 张肇丰. 从实践到文本：中小学教师科研写作方法导论[M]. 上海：华东师范大学出版社，2011：5.

和解决问题的思路。从实践到文本，再将文本思考转化到实践中，教师将内心体验转化为写作文本，少了"说"的随意性和盲目性，使得教育教学在可感可知可行的状态下进行，努力在教育工作中思考、领悟、改进，从而有助于教师提升专业素养，促进专业发展。

第二节　幼儿园文案的文体特征和要点

一、幼儿园文案的文体特征

文学作品的创作是作者受丰富多彩生活的感染，提炼出一定的主题，通过想象和联想，选择恰当的材料，构思布局而形成的一部作品，因此每一部文学作品都打上了作者自我情感的烙印，并以此与读者沟通从而感染读者，产生共鸣。幼儿园文案则不同，其是为处理幼儿园日常实际工作、具体生活问题，或传递专业信息而写作的一种文章体裁，具有以下基本特征。

（一）明晰而确定的教育目的性

【案例】

××幼儿园业务工作计划[1]

一、指导思想

以市区级精神、幼儿园发展规划、学期园工作计划为依据，以区课程、业务、科研督导为契机，继续以小步递进、突出重点、关注细节为原则，使我园业务板块各项工作进一步有效实施。

二、主要目标

1. 继续调整课程方案，进一步完善课程内容，初步体现课程方案的个性特征。

---

[1] http://www.wlnyey.sjedu.cn/ywgl/jhzj/jh/201204/324529.shtml

2. 关注基础性保教计划质量，继续加大一日课程督察重点项目的监控力度，促计划有效执行、课程有效实施。

3. 继续开展个别化学习和幼儿数学活动的专题研究，进一步提高教师设计、观察、指导能力。

4. 继续加强教研组长、骨干教师培训与管理，促快速发展。

三、主要任务与措施：（略）

计划总结类的文案尤其具有很强的针对性和目的性，在撰写此类文案之初，要有明确的写作意图及具体要求，然后围绕其收集材料，再构思结构，形成文本成品。从这点上来说，计划总结类的文案与一定的教育理念相关，其具体要求自始至终不能偏离，不可能过多地打上写作者的情感烙印。

（二）文体自由

一般的应用文写作，需要考虑表达方式和文章体裁的要求，不同的文体有不同的写作规范和体裁要求，如论文是以议论方式为主，而幼儿园文案因为种类多样，有笔记类、案例类、方案设计类、观察记录类等，文字的表达方式也呈现多样化。不同的文案采用不同的文体，甚至同一种文案也可以采用不同的文体，可叙述可议论，或夹叙夹议，篇幅灵活自由。

（三）内容的真实性

幼儿园文案的撰写与文学创作最大的区别在于各类文案都不是作者对生活的提炼想象和升华，而是来源于真实的教育生活，反映真实的教育实践，对现实状况的叙写必须完全真实，不能想象甚至凭空捏造。我们来看一篇教师的教育笔记——

【案例】

一次，一位家长跟我谈起她儿子对某位教师的不满：别的孩子与该教师打招呼时，老师总是点头微笑，可她儿子招呼该教师时，老师好像总是听不见。所以她儿子得出结论：该教师不喜欢他。我相信这位教师是无意的，也许是顾不过来，也许是身体不适，也许……可孩子很在乎，教师无意中打破了一颗纯真童心的平衡。

第一章　幼儿园文案写作概述

一次，我碰巧在厕所门口听到两个大班孩子的"悄悄话"。一个男孩高兴地对一个女孩说："今天老师摸我两回头。"女孩更自豪："这有什么了不起，今天老师还亲了我呢！老师就是喜欢我。"教师可能没把这些当回事，但孩子很在乎。

……

细节不细，小事不小，幼儿稚嫩的心灵不容我们"没在意""不在乎"。教育是"润物细无声"的工作，要从小事入手，从细节着眼，从点滴做起。为培养幼儿的健全人格，我们要谨言慎行。①

教育文案应该来自真实的教育场景，而不像文学作品可以对生活进行艺术提炼和升华。幼儿园文案文体的本质是注重实用、讲究实效。17世纪法国古典主义美学家布瓦洛说过："只有真才美，只有真才可爱。"法国艺术家罗丹也指出，"美只有一种，即宣示真实的美"。

二、幼儿园文案写作的基本要点

要写好幼儿园教育文案，应该做到勤于观察，善于思考，有所发现，并及时记录自己的所见所感。

（一）勤于观察

蒙台梭利非常重视对幼儿的观察："教师是儿童活动的观察者和指导者。""幼儿教师应是一位观察者，他必须以科学家的精神，运用科学的方法去观察和研究儿童，揭示儿童的内心世界，发现童年的秘密。但教育科学的观察研究不同于一般科学，它的对象不是物，而是人，是富有情感和有思想的活生生的人，特别是活泼好动的儿童，其目的是激发儿童的生命活力、培养和发展个性，使之成为适应现代社会和科学技术发展的独立自主的人。"② 观察是获取现场资料的首要方法，只有学会了观察，才能有所思考、有所发现。教

---

① 尤素敏. 细节不细，小事不小 [J]. 幼儿教育，2006（4）.
② 蒙台梭利，任代文译. 蒙台梭利幼儿教育科学方法 [M]. 北京：人民教育出版社，1993：23—24.

师的教育观察包括：①幼儿的情况，通过叙事、表格、图解与取样观察等各种方法收集资料，并严格按照观察的程序进行观察。②教师、幼儿园方面的情况，不仅包括幼儿园的教育现象，也包括社会、家庭对幼儿的教育影响。③教育实践，这里的教育实践不仅是教师自己的实践，同时也包括其他教师的做法和经验。深入、详尽的观察应注意对教育过程及有因果联系的教育现象进行观察，不仅要弄清问题的来龙去脉，而且要了解来龙去脉的起因缘由，才能有所领悟、有所启发。只有做到了上述几点，教师才能对各种复杂的教育现象有一个深刻的、本质的认识，并为日后的写作提供丰富的、有价值的第一手材料。

（二）善于思考

教师应该多思考分析教育教学过程中发现的问题及反映这些问题的具体的教育现象，对其把脉后对症下药，进而形成自己的思想观点。观察和思考是锻炼"眼力"和"脑力"的有效途径，多观察、多思考，将观察和思考结合起来，才能练就一双发现问题的"眼睛"。"眼力"和"脑力"增强了，教师才能形成清晰的问题思路，为文案写作打下坚实的基础，从而改进教育教学。

（三）细心记录

记录的过程是一次再思考、再整理的过程，教师在学会观察、思考的同时，应将那些观察到并思考后认为有意义、有价值的材料随时记录下来，这个过程本身就是一种提高。教师随时记录身边出现的教育现象以及由此产生的各种疑问，久而久之，就会积累许多第一手材料。而这些日常的记录也是练笔的过程，有了这个过程，教师的写作能力会逐渐得到提高。

做到以上三个基本要求，写作前的资料积累工作就算很好地完成了，也就为写作做好了最重要的准备。

【思考与训练】

1. 幼儿教师为什么需要撰写文案？
2. 教育文案写作与文学创作有何区别？

第二章　幼儿园文案写作的原理

【内容提要】

写作行为系统的构成要素由写作主体、写作客体、写作载体、写作受体这四者构成，幼儿园文案的写作同样离不开这四个基本要素。本章主要围绕着"谁来写，即明确写作主体；写什么，即走进写作客体；如何写，即触摸写作载体；为谁写，即对话写作受体"这四个方面来阐述幼儿园文案写作的内涵、基本构成以及它们之间的关系。

第一节 "谁来写"：明确写作主体

幼儿园文案由谁来写，即写作主体是谁？在弄清谁是写作主体之前，我们必须知道何谓"主体"。平时讲的"主体"，是相对于"客体"而言的，"客体"指的是实践活动，"主体"则指的是认识实践活动的人，作为主体的人应该是具备自觉性、能动性的。因此，从写作活动来说，所谓写作主体，就是进入写作思维和写作行为中的人。真正的写作主体，能够自觉地、能动地从事写作行为，即具备以下两个基本条件：第一，要有明确的写作主体意识；第二，能够自主地驾驭写作行为。

因此，幼儿园文案写作的主体，是具有明确的幼儿园文案写作主体意识的，能够自主地驾驭幼儿园文案写作行为的人。这些人既可以是从事幼儿园组织与管理工作的园长、管理人员，也可以是从事幼儿园教育教学和研究工作的幼儿教师，他们都可以是幼儿园文案写作的主体。

"作者"与"写作主体"的区别

区别	作者	写作主体
时间	一直存在	只存在于写作行为过程中
范围	可能是机关、法人、组织	只能是实际写作人员

要想写出一篇立意新颖、观点鲜明、结构完整、语言生动流畅的优秀文案来，需要写作主体具备一定的写作素养和良好的写作能力。写作主体的写作素养与写作能力的高低直接影响写作活动的进行和作品的质量，因此提高写作水平的根本途径是加强写作主体素养的提升和能力的培养。

一、写作主体素养的提升

素养是指一个人的修养，与素质同义。具体而言，素养通常指一个人在长期的学习工作过程中通过综合的精神状态和行为方式所表现出的起稳定作用的素质。写作素养就是作者在文章的选材、运思、表达等活动过程中表现出的素养，它是写作主体思想意识、文化水平、价值观念、思维方式、生活积累的综合反映。写作主体的素养主要包括生活素养、学识修养、人格品位和审美素养四个方面。

（一）写作主体的生活素养

生活素养是一个整体概念，包括生活材料的获得、生活经验的积累、生活的经历和体验、生活的见解和能力等多层含义。

生活素养与写作活动有何关系呢？答曰："生活是写作的源泉。"

任何艺术创作都是来源于生活又高于生活的，是主体对客体的高度的概括。因此，纵观人类一切写作活动，从本源上看，无不来源于社会生活。人的精神、观念、情感等主体意识，都是客观的社会生活在人脑中的反映。因此，写作主体厚实的生活积累，如坎坷的人生经历、丰富的生活经验、细腻的情感体验等，都为写作活动提供了所要表现的复杂的生活与环境素材。

写作是需要生活储备的。如果脱离了生活或者在某些方面生活储备不足，写作就会成为无本之木、无源之水，写出的文章会怎么样呢？违背生活常识的"作品"不仅无法取信于人，而且会闹出笑话。写作主体如果不以丰厚的生活积累作支撑，写出的作品可能会内容干瘪失实，缺乏生活深度，或根本无法进行写作。即便名作家也是如此。古人说："见得真，方道得出。"有丰厚的积累，才有选择的余地。扩大视野，丰富阅历，多见世面，广开视听，使感性认识和理性认识不断得以丰富和递增，信息贮存和材料积累越丰厚，写起文章来才会得心应手，左右逢源。生活素养是人们从事一切文化创造活动的"根须"，它来自丰富的经历，广阔的视野，也来自主体对生活的钟情与投入。

写作主体要具有一定的生活素养，这不仅要求写作主体有丰富的阅历、广阔的视野，更要有对生活的热情与投入，即写作主体对生活的感受、体验，对生活的独特发现。虽然生活素养包括了见多识广，但更为本质的则是认识深刻，感受真切。看世间生活万象，体察百味人生。经历和见闻属于广度方面，而认识和感悟则属于深度和密度方面。广度仅仅是一个平面，在广度基础上加上深度和密度，才能形成立体的、完整的生活素养。

幼儿教师若想写出优秀的文案，也需要良好生活素养的积累，这就要求教师平时要多关注生活，热爱生活，潜心探究生活，做生活的有心人。在生活中发现孩子的可爱、纯真、善良，在生活中发现教育的真、善、美，不断积累自身的生活经验，不断升华自身的体认和感悟。

(二) 写作主体的学识修养

1. 学识的概念。所谓学识，就是写作活动所需要的知识、学问、见识等。它既包括客观世界逻辑结构和运行规律方面的知识，也包括主体思维所使用的语言概念及其思维程序、规则方面的知识。

文案写作同写作主体的学识修养密不可分。写作的过程，实质上就是学识的组合和应用的过程。文案写作是一种智能劳动，必然需要有多方面的知识储备。知识储备越丰富，视野和思路就越开阔。丰厚的学识是任何类型的文案写作所必备的基础。

2. 学识修养与写作的关系。知识是文章内容的组成部分。任何形式的写作都需要一般性的、综合性的知识，有时还需要专业知识。举一个案例来展示学识修养对写作的重要作用。

【案例】

乡间小路

李其祥

有一小轿车与一独轮车相遇。

司机令老汉让路，老汉道：为何？

司机道：我开的是小车。

老汉道：我的也是小车。

司机道：小车是首长的车。

老汉道：我的也是手掌车。

司机道：首长的车是小轿车。

老汉道：我的也是小叫车，不信你听。

说毕，驾起车，果然吱吱作响，像蝈蝈唱，蹒跚而去……

小说用谐音手法的反常的构思，表现了一个劳动者的机智，造成了诙谐幽默的艺术效果。试想一下，如果没有相应的学识，作者怎么能写出这样的作品呢？写作，本来就是要记录传播人类的经验与情感的，如果胸无点墨，如果无话可说，还如何写作呢？幼儿园文案写作也需要教师多积累生活的素养和学识修养，才能写出好的文案来。

【案例】两则幼儿评语

教师对某甲的评语：你是个活泼、可爱、有礼貌的男孩子。中班的学习快结束了，老师发现你长大了。懂得与别人友好相处，能积极参加老师组织的各项活动；吃饭习惯较好，不挑食、不剩菜；午睡习惯也很好，能很快入睡。希望你能继续努力，做个全面发展的好孩子。

教师对某乙的评语：你是个文静、可爱、有礼貌的女孩子。这学期老师发现你进步了许多。会和大家友好相处，能积极参加各项活动；不挑食、不剩菜，吃饭习惯变好了；能很快入睡，午睡习惯也不错。老师希望你能继续加油，做个全面发展的好孩子。

这两则幼儿评语，内容大致类似，基本看不出这两个孩子的个性特点，除了知道对象是不同性别的孩子之外，评语让人感觉似乎既是在写这个孩子，又似在写那个孩子，甚至是每个孩子都适用。为什么会这样呢？原因可能是教师对孩子的观察不够，或者更多的是因为教师自身的学识修养不够，虽然有观察孩子，但是教师不知道如何表达，造成撰写幼儿评语这类文案时出现内容的雷同与贫乏，难以突出幼儿评语撰写的针对性和个性化。

如何培养学识修养呢？写作主体应博览群书，培养广泛的兴趣爱好，对生活充满热情，潜心钻研工作，从点到面逐步拓宽知识面。总之，多观察、多体验、多阅读、多写作，持之以恒，学识素养会逐步得以提高。

（三）写作主体的人格品位

"路漫漫其修远兮，吾将上下而求索。"

"虽九死其未悔。"

"长太息以流涕兮，哀民生之多艰。"

——屈原

"人生自古谁无死，留取丹心照汗青。"

——文天祥

上面的诗句可以说明人格与作文的关系。俗话说，"见什么人说什么话，到什么山唱什么歌"。又说，"狗嘴里吐不出象牙来"。这些例子都说明了一个问题，就是写作主体的人格品位奠定了写作的基调，是高雅还是粗俗。

人品与文品的关系正应了常言"文如其人"，这是古今中外压倒多数的观点，由此可见，人品与文品的关系多重要。文章所表达的思想或所表现的风格，通常会体现出作者本人的思想或风格。

从一定的意义上讲，文章就是作者人格品位在书面语言中的回声。优秀的人格品位是人们从事一切文化活动的动力源泉。写作是一种富有个性化的精神劳动，写作主体的精神气质和人格品位必然对写作成品产生巨大影响。所以，写作主体应该不断提升自己的人格素养。不断反省不断忏悔的人才会逐渐提升自己，变成一个健康的人、善良的人、美好的人、受人欢迎的人、有说服力的人，才能把自己人性中的真善美通过自己的笔展示和传播给更多的人。总之，要做文，先做人。

（四）写作主体的审美素养

美的追求渗透在人类的一切文化生活之中，珠光宝气表现的是华贵之美，"村姑戴野花"表现的是质朴之美；先民脖子上挂的贝壳，表现的是原始的美，而动漫所表现的是现代之美。写作是一种精神文化创造行为，它比起衣食住行等物质文化的创造，更多地体现出"按美的规律"创造的特点和成分。因此，从事写作的人，除需要具备一定的生活素养、学识修养、人格品位外，还必须具备一定的审美素养。

审美是人类所特有的一种心理功能和文化活动，也是每个文化人应当具备的基本素质和基本修养。审美素养是指人所具备的审美经验、审美情趣、审美能力和审美理想的总和。审美素养既体现为对美的接受和欣赏的能力，又能转化为对审美文化的鉴别能力和审美文化的创造能力。

从写作的内容看，许多文章都直接或间接地体现美的内涵或美的对象。文学作品是审美文体，无论是诗歌、散文，还是小说、戏剧，都是以形象美、情感美、意境美、理趣美为追求的目标和构成的内容。但文学中的美，是广义的美。不少作品中写的"恶人"、"丑事"，并不影响作品的审美倾向。对"恶"的鞭挞，即是对"善"的张扬；对"丑"的揭露，即是对"美"的歌颂。悲剧震撼人心的力量，在于把有价值的东西撕碎了给人看，让世人从中得到启悟，从而激发人们去寻找美、保护美，抗击恶、消灭恶。

从写作形式上看，也包含着审美。因为作品本身不仅要有美的内容，也需要有美的形式，即体现出形式美。如标题清楚美观，结构条理匀称，语言通畅和谐，文字大方清秀等。美的形式，是构成美的作品的一个重要组成部分。

文章具有一定的审美属性，这种属性通过内容和形式两方面表现出来。文章从内容到形式的美感内涵，是作者对写作对象进行审美观照和把握的结果。没有一定的审美素养，就不能观照和把握对象，也就写不出具有美感的文章。因此，从事写作，光有思想等方面的素养是不够的，还得有审美素养。

二、写作主体能力的培养

写作主体的能力是写作主体在写作实践过程中表现出来的一种特殊能力，是写作主体从事写作应具备的各种能力的总称。写作能力主要包括观察能力、感受能力、阅读能力、积累能力、思维能力、想象能力等，幼儿教师在进行幼儿园文案写作活动时同样也应该具备这些基本的写作能力。

（一）观察能力

《福尔摩斯探案集》里有这样一个故事：当华生同福尔摩斯争论起谁的眼光敏锐时，福尔摩斯随手指着门外的台阶问华生有几级，华生无言以对。这时，这个著名的大侦探告诉华生有13级，并且对他说："我们俩都注意那里有台阶，但是我是观察，而你不过是看看而已。"

柯南道尔通过大侦探之口告诉我们，观察不仅仅是看。看只是动用了"视觉"这一个感觉通道，而观察是有目的、有组织地去认识某一对象的过程，是动用多种感觉通道的结果，是人体多种分析器的综合活动。

所谓观察是指有目的地认识、理解外在事物的感知活动。从"写作"角度看，观察是写作主体为了写作这一特定目的，感知外物，获得写作材料的一种行为，有人称其为"前写作行为"。观察是写作主体认识和发现客观事物的基础和前提，也是激发写作主体灵感和动机的关键，同时它还是提高写作主体基本素养的重要能力。

培养观察能力，首先要明确观察目的，确定观察对象，捕捉观察对象的特征；其次要讲究观察方法，注意观察顺序，选择观察角度，既要有总体观察、综合观察，又要有局部观察和比较观察。

（二）感受能力

采菊东篱下，悠然见南山。

——陶渊明

满地黄花堆积，憔悴损，如今有谁堪摘。

——李清照

同是面对菊花，同是描写菊花，写作主体的感受却是各不相同的，有人"悠然"、有人"伤心"。这说明不同的人对事物的感受是不同的，具有个体的独特性。同是咏梅，陆游与毛泽东的感受又各不相同。我们可以细细品味个中滋味。

卜算子·咏梅（陆游）

驿外断桥边，寂寞开无主。已是黄昏独自愁，更著风和雨。

无意苦争春，一任群芳妒。零落成泥碾作尘，只有香如故。

卜算子·咏梅（毛泽东）

风雨送春归，飞雪迎春到。已是悬崖百丈冰，犹有花枝俏。

俏也不争春，只把春来报。待到山花烂漫时，她在丛中笑。

感受是指写作主体对客观事物的刺激产生相应的感觉、知觉所呈现的富有情感和个性的心理活动。感受过程要经历感觉、知觉、表象三个心理阶段，是人们认识客观事物的综合反映，是人们对客观事物进行思考、分析，进入高级认识阶段的前提和基础。它是在感知、观察之上形成的一种复杂的生理、心理活动，它超越了原始和物理的层面，带上了人们鲜明、独特的主观色彩，是客观事物所引起的精神反映。

"观察"与"感受"的区别

区别	观察	感受
范围	侧重于客观方面	侧重于主观方面
着眼点	捕捉事物的具体形貌	主体的内在情感活动
关系	是感受的前提	是观察的进一步深化

感受能激发写作主体的热情，捕捉写作的"契机"，积累写作素材。

感受分直接感受和间接感受。直接感受指写作主体深入现实社会，亲身体验生活，获取材料。间接感受指写作主体借助阅读等方式，间接获取材料。

从感受器官分，感受可以分为个体感受（视觉感受、听觉感受、触觉感受等）和综合感受（将各种器官感受交叉、融合运用的感受）。

感受能力的培养首先要训练敏锐的感知力，主要是各种感官对外界信息的接收；其次要培养丰富的情感趣味，要专心致志于捕捉客观对象的内涵。感受在写作中的作用表现在感受是将客观化生活转化为心灵化生活的重要环节。感受为写作积累素材，并能引发写作冲动。写作往往表现为感受发生、发展、深化、组合的动态过程。感受为写作主体赢得不可代替的个性。

（三）阅读能力

阅读是一种从书面语言和其他书面符号中获取意义的行为，是读者在感知作品语言符号的基础上，凭借自己已有的知识和经验，通过思维把握文章思想内容的精神活动。

阅读是提高写作能力的重要途径。阅读是对生活的一种补充，人的很多知识是从书中得来的。阅读可以扩大知识面，还可以了解和认识世界，获得那些不曾经历的生活与人生经验。阅读还可以提高写作主体的思想水平和认识能力。提高阅读能力，首先要多读多看；其次要掌握一些基本的阅读方法，如精读法、泛读法、五步阅读法等。

1. 精读法

精读法是一种研究式的阅读方法。精读的目的是对所读之物进行充分理解，主要任务是对读物内容在深刻理解的基础上有所发现，有新的启发和思考。因此，精读重在阅读质量的高低，而不在阅读数量的多少，要求阅读时逐章逐段、逐字逐句地研究，要深入、细致、反复地阅读，以达到对读物的深度理解。

2. 泛读法

泛读法是与精读法相反的阅读方法。它讲求的是阅读的速度而不是阅读的质量，旨在了解读物大意，把握主要内容，开阔眼界，增长知识，并节省阅读时间。精读法和泛读法经常结合起来使用。

3. 五步阅读法

它由"浏览—发问—阅读—复述—复习"五个步骤组成。具体做法如下：

第一步，全面浏览，着重看读物的序言、内容提要、目录、大小标题、后记等，对读物获得大体印象，以确定阅读重点；

第二步，发问，对浏览过的主要内容、重点、难点提出问题，使阅读变成主动的、有准备的批评过程；

第三步，带着问题深入阅读，对读物中的专门术语、关键性文字和重点段落，通过做记号、写批语、记笔记等，加强记忆；

第四步，对读物中的主要内容进行复述，对阅读中提出的问题进行解答，以检查阅读效果；

第五步，在复述的基础上，针对发现的问题再有重点地复习，以巩固阅读效果。

这种阅读法的好处是使得整个阅读活动有条不紊地进行，并带有积极性、主动性，有利于提高阅读质量。

此外，阅读还要注意一些基本的原则。第一，要目的明确；第二，要有所选择；第三，要做好读书笔记；第四，要读、思结合。

（四）积累能力

积累是指写作主体在动笔之前，对写作素材、生活经验、语言词汇、文化知识、写作技巧等的吸收和储备。积累可分为直接积累和间接积累。

直接积累指写作者通过亲身的社会实践所进行的生活阅历、生活经验的积累，要求写作者深入生活、热爱生活；间接积累指写作者通过阅读、交谈等途径进行的积累。积累的范围大致可分为：

生活经验的积累　包括直接生活经验和间接生活经验，前者指写作主体在现实生活和社会实践中亲身经历、耳闻目睹的生活素材，以及由此而产生的感受与认识；后者指写作主体从书本和他人的言谈中所获得的经验。

书本知识的积累　前面讲到的关于阅读能力的培养，其实在阅读的过程中，写作主体不知不觉中已经完成了书本知识的一定积累。

语言材料的积累　文章是语言的艺术，写作必须积累语言。其途径主要有二：一是直接从生活中吸取人民群众的语言词汇，包括新鲜生动的口语、俗语、谚语、歇后语等；二是从经典名著中吸收精彩的语句和词汇。

幼儿教师在平时的生活中和阅览文学作品时要善于积累词汇，用优美的词语去描述孩子，体现孩子身上的个性特点。例如在形容孩子聪明好学时，可以使用"智慧达人"、"好学多才"、"率真聪明"、"聪颖可爱"等优美词汇，不仅可展现孩子的出色个性特征，也是教师文学内涵的重要体现。另外，教师在撰写文案时也要恰当地运用词汇，避免浮华不实的现象。如形容文静乖巧用"彬彬有礼"，形容聪明能干用"佼佼者"，这些词很优美，但并不适合幼儿，缺少儿童化的气息，而直接用"恬静可爱"、"聪明伶俐"等词语，就非常贴近儿童生活实际，朴实而美好。[①] 因此，写作主体在阅读和生活过程中的积累对写出好的文案是很重要的。

（五）思维能力

[①] 宋悦琴. 让评语成为幼儿成长的"养乐多"[J]. 小学生（教学实践），2013（08）.

思维是人的大脑对客观事物的一种间接的、概括的、能动的反映。它以语言为工具，以人对客观事物的感性认识（感觉、知觉、表象等）为基础，通过由此及彼、由表及里的分析、综合、概括等形式，揭示事物的本质规律。

人的思维主要有四种基本类型：形象思维、抽象思维、灵感思维和创造性思维。

形象思维，又称艺术思维，是运用形象进行思维的形式，其特点是：第一，在思维过程中始终不脱离具体的感性形象，把能体现事物共同本质的个别、特殊的现象集中起来，构成艺术形象；第二，在思维过程中经常运用想象、联想等方式，创造出新的形象；第三，形象思维总是伴随着写作主体强烈的情感活动和审美体验。形象思维的基本方式是想象和联想。

抽象思维，也称逻辑思维或科学思维，是运用概念、判断、推理而进行的思维活动。其特点与形象思维相反，它舍弃了具体的感性形象，遵循从个别到一般、从现象到本质、从具体到抽象的原则，对感性材料进行由此及彼、由表及里、去粗取精、去伪存真的加工，使感性认识上升到理性认识。抽象思维的基本方式是分析与综合、抽象与概括、归纳与演绎。

灵感思维，是人们在科学或文艺创作中，由于外物的触发而突然出现的、稍纵即逝的、豁然开朗的思维方式，是写作中主体创造力、发现力、想象力的集中表现。

创造性思维，又称求异思维，是指突破已有的思维定势与方法，能在揭示事物本质的基础上，提供异于他人并优于他人的新的思路、方法的思维。它是形象思维、抽象思维、灵感思维三种基本思维形式的有机综合。

创造性思维包括以下两种形式：

（1）扩散思维，是从事物的某一中心或定点出发，向四周进行发散性思考的思维方法。这是一种开放性的辐射型思维，它没有一定的方向和范围，不被传统和陈规所限，无拘无束，自由驰骋，强调思维的灵活性和知识的迁移，以求得与众不同的思维结果。其优点是能够使文章思路开阔、表现独特。

（2）辐辏思维，是从若干不同的事物中综合出一种结果的思维，即思维主体把从不同渠道得到的各种信息聚合起来，重新加以组织，多向思考，旨归于一。

（六）想象能力

爱因斯坦说得好："想象力比知识更重要，因为知识是有限的，而想象力概括世界的一切，并且是知识进化的源泉，严格地说想象力是科学研究中的实在因素。"请看下面这篇文章，思考人的想象力是怎样丧失的，并感受想象能力的重要。

人类想像力是怎样丧失的——智力测验阅读训练[①]

电视台搞了一次别开生面的智力测验，准备拍完之后向全国播放。他们带着摄像机和录音机，先到一个局，测验机关干部。

节目主持人在黑板上用粉笔画了一个圆圈儿，问道："请问大家，这是什么？"

高压水银灯已经开亮，摄像机也对着机关干部们的面孔轻摇，记者们带着好几根警棍样的话筒，单等着谁说话就捅到他的嘴边去。机关干部看着黑板上的粉笔圆圈纳闷儿，这是什么意思呢？心中没底，不敢回答。摄像机可是不停地来回摇。谁也不能回答吗？那太不像话啦。科员开始以请示的眼光看着科长；科长以求救的眼光望着处长；处长以他那擅长领会意图的聪明眼光盯着局长；局长用习惯的眼光向秘书求援；美丽的女秘书今天可是彻底糟了，走过来跟局长咬耳朵，她忘了正在录像。局长听罢秘书的汇报，才气呼呼地说："对不起，事先不打招呼，不经过研究，我怎么能随便解答你们的问题呢？"

电视台的同志来到智力测验的第二站——大学中文系的教室里。灯光亮了，摄像和录音开始了，节目主持人依旧在黑板上画了个粉笔圆圈儿，说："请大家回答：这是什么？"

冷场半分钟，骄傲的大学生们突然哄堂大笑，纷纷叫嚷起来："这算个啥

---

① http://www.thn21.com/Article/xiaoshuo/6519.html

问题呀，还要考我们大学生！""太瞧不起人啦！简直是开玩笑！""只有傻瓜才回答你的问题！""别嚷啦，他们还在录音呢！"

初中学生是第三组，一位常考第一名的尖子生规规矩矩地带头举手，然后站起来指着黑板上的粉笔圆圈道："这是一个零。"

节目主持人问："他答得对吗？"

同学们齐声回答："对。"

主持人问："还有别的答案吗？有没有第二种答案？大家好好想一想。"

一个调皮的学生，没敢站起来，在座位上叫了一声："O！英文字母的O！"

班主任瞪了一眼，节目主持人赶紧说："他说得对呀，回答得很好！"

第四组是小学一年级的孩子们。他们看了黑板上的粉笔圆圈后，一下子变得非常活跃，纷纷举起小手，抢着回答问题：

"是个月亮！"

"怎么是月亮呢？"节目主持人高兴地问。

"黑板是天，天黑了，月亮白又圆！"

"是乒乓球！"

"是烧饼！"

"是鸡蛋！"

"是李谷一的嘴巴——她唱歌啦！"

"不，这是老师的眼睛，发脾气啦！"

智力测验圆满结束。电视台正式播放这个节目的时候，给它加了个标题：人的想象力是怎样丧失的？

哲学家康德这样说："想象力是一种创造的认识能力。"

雨果说："没有一种精神机能比想象更能自我深化，更能深入对象。"

歌德说："想象是一种高贵的秉赋。"

拿破仑·希尔说："想象力是灵魂的创造力，是每个人自己的财富。"

物理学家爱因斯坦说："解决问题也许只是一个数学上或实验上的技巧而

已，而提出问题却需要创造性的想象力。"

心理学家彭聃龄说:"想象是对头脑中已有的表象进行加工改进、创造出新形象的过程。"

流沙河在《隔海说诗》里说:"所谓想象不过是一个人在生活中获得的种种印象之再组合而已。"

作家莫言说:"想象力是你在所掌握的已有的事物、已有的形象的基础上创造出、编造出的一种崭新的东西。""当然想象力要借助于特殊语言——一种介乎语言和图像之间的东西——任何想象都是用这种特殊的语言作为工具。"

教材上说:想象是人对自己大脑中已有的生活表象(记忆表象即客观事物的物象在我们头脑里留下的印象)进行加工改造和重新组合而产生新的表象(或形象)的心理过程。

想象是一种形象思维活动,指写作主体在外界事物的影响下,以头脑中原有的感性形象、生活经验为基础进行加工改造,从而组成并创造出新形象的心理过程。想象按照其思维方式和形成过程可分为再造想象、创造想象和幻想。

再造想象,是根据语言、文字、图片、符号或他人对某一事物的描述,经过思维而在自己头脑中形成新形象的思维过程,其常用方式有推测想象、接近想象、相似想象、原型想象、重现想象等。

创造想象,是不依赖于现成的资料,而是根据自己头脑中原有的记忆表象,独立地创造出新形象的思维过程。

幻想,是从个人或社会的理想和愿望出发,对现实中尚未出现的事物进行的一种想象。

第二节 "写什么"：走近写作客体

一、写作客体的含义

1. 客体的含义。客体的概念同主体的概念相对应。凡是主体认识视野中的一切认识对象，都属于客体。需要说明的是，主体和客体这对概念，事实上是不同于物质和精神这对概念的。精神出现以前，物质世界已经存在了。而客体与主体相对应、相联结，没有或离开主体观照的物质世界绝不能称作客体。而且，人与人之间互为主、客体。作为主体认识对象的精神或精神产品，都是客体。

2. 写作客体的含义。就写作活动而言，凡写作主体面对的一切写作对象，都可以看作是写作客体。从概念上讲，所谓写作客体，即与写作主体发生对应关系的客观世界。它是写作主体的描述对象，包括一切被描摹、被评述的物质世界与精神世界，外部世界与主观世界。从日月星辰到人类生活，从物质产品到精神产品，从言谈行为到意识思想，都可以称为写作客体。写作主体自身的生理、性态原本是写作主体，一旦被当作描摹、评述的对象，就转化为特殊的写作客体[①]。

简言之，写作客体，是指进入写作主体视野并激发起写作欲望，经过写作主体加工改造后成为写作行为描述对象的客观世界。

二、写作客体的类型

写作客体是与写作主体发生对应关系、写作主体认识视野中的一切认识对象，它包括一切被写作主体认识、描摹、评价的物质世界与精神世界、外部世界与主观世界。从山川草木到社会生活、从事物外貌到内在结构、从他

[①] 林可夫. 高等师范写作教程[M]. 福州：福建教育出版社，1991，48.

人言语到自我内心，都可以作为写作客体。客体，事实上就是引起作文的人事物景等客观因素，即我们写作的诱因。客体是写作的对象，是能够引起写作冲动的东西，也是写作的基础，起着写作素材的作用。意识是物质的反映，我们不可能毫无缘由地写一篇文章，不会也不可能凭空写文章，即使为别人代笔，那也是先有求人代笔者的客体的。我们平常说的"见景生情"、"睹物思人"，这个"景"、"物"，指的就是客体。

但不是说，所有的人事物景可以无条件地成为客体，只有"生情"的"景"，"思人"的"物"，才可称得上是"客体"。人事物景，是客观的，一旦其成为客体而进入作文阶段，就会带上写作主体的主观性，因为写作主体在千千万万中选中了"她"。这种选择，就是一种主观性。文学创作时，为了表达的需要，在人事物景成为客体的同时，写作主体会故意把原本的人事物景进行改良，以符合其创作需要。但是幼儿园文案撰写的特点是强调真实性，其内容更多来源于真实的教育生活，反映真实的教育实践，是对现实状况的叙写，因此不能像文学创作活动那样完全想象甚至凭空捏造。

综观写作的对象，一是物，二是事，三是情，四是理。写作客体的类型主要分为四种，包括对象化的自然景观（物），如四季变化，故乡与异地；群体化的社会生活（事），如关注幼儿群体的特征；个体化的人生状态（情）；精神产品（理）。

幼儿园文案写作客体的类型主要也是物事情理四个方面。自然景观物质世界都可以是我们的写作客体，如幼儿园的自然环境或者幼儿园物质环境的布置与创设；幼儿园里每天都发生的事情，幼儿的故事、教师的故事、幼儿家长的故事都可以成为我们的写作客体；幼儿及教师在生活中的情感状态；教师在工作生活中的所思所想所感等，这些都可以成为幼儿园文案写作的客体。

幼儿园文案主要可以分为计划、总结类文案，教学类文案，教育类文案和家长工作类文案。计划、总结类文案，又可以细分为管理类计划、总结文案，专题类计划、总结文案，个人计划、总结文案；教学类文案根据不同类型和特点，又可以细分为活动教案、教学记录与反思；教育类文案，可以细分为教育随笔和观察记录；家长工作类文案的撰写，可以细分为家长会工作文案、家长开放日工作文案、家园沟通中幼儿评语的写作等。这些不同类型的幼儿园文案涉及的写作客体包括了幼儿园工作中的方方面面，幼儿教师可从中选择写作对象。

三、写作客体的价值

（一）写作客体在写作活动中的地位

1. 写作客体是写作系统的基础要素。写作系统的要素包括写作主体、写作客体、写作载体、写作受体。写作客体在"四体"中处于基础地位。"没有反映者，就不能有反映。"正是由于写作客体的存在，写作主体才有了认识和反映的对象，写作载体才会有承载内容，写作受体才能从载体中获得阅读的满足。

2. 写作客体是写作活动的前提条件。认识、表达、传播，是写作活动的三个基本阶段。在这三个阶段中，前者总是后者的前提。没有对写作客体的认识，就不会形成主客一体化的表达；没有物化形态的文字表达，也就谈不上写作成品的传播。单就写作的认识阶段来看，写作主体首先必须认识和选择相应的写作客体，如果这一工作没有完成（即主体没有找到合适的客体，或客体不能满足主体的需要），整个写作活动就无法进行下去。因此，写作客体不仅是写作活动赖以发生的前提，也是整个写作活动得以进行的前提。

3. 写作客体是写作传播的信息源。从社会传播角度看，写作活动的最终目的就是要实现写作产品在社会上的传播。为了实现这一目的，写作主体一方面要把来源于写作客体的信息"内存"在自己的主观结构中，经过加工处理后形成主体的观念；另一方面要把这些信息和观念转化成物质形态的东西——文章。文章中负载的信息都是写作主体从写作客体那里获取的。所以，写作客体是基本的信息源，没有来源于写作客体的信息，写作活动就成了无米之炊。

(二) 写作客体在写作活动中的作用

写作客体的属性及其在写作活动中的地位，决定了它在整个写作活动中必然要发挥如下作用：

1. 触发写作动机。即使从单向度的"刺激—反应"理论角度看，写作主体的写作动机也是由客观事物诱发的。《礼记·乐记》中曾说："人心之动，物使之然也。"这里的"物"，便是写作主体面对的客体。写作动机的产生对于写作具有重要意义。在写作动机没有产生之前，主体和客体都还处于"潜在写作主体"和"潜在写作客体"状态，正是客体促生了主体的表达欲望和冲动，赋予主体以"写作主体"的资格，也赋予自身以"写作客体"的资格，从而为写作活动奠定了基础。

2. 规定取材的质量。写作中的"取材"就是获取对文章写作有用的信息，而"有用的信息"的产生过程，正是写作主体按照一定的写作目的，对写作客体进行选择和鉴别的过程，是使"自在之物"变成符合自己需要的"为我之物"的过程。这一过程反映了写作主体的能动性，但这种能动性归根结底又不能脱离写作客体的本质和规律的限制，正是这一点规定着写作材料的"质"。这在反映社会问题的写作和科技写作中表现得尤为典型。从"量"上来看，写作主体纳入自己视野的写作客体的范围越宽，或者对某一客体的认识越深入，也就意味着他获取的写作信息量越大，这才能为材料的筛选工作打好基础。反向观之，狭隘的、浮光掠影的信息取向，必然导致材料的单薄和肤浅，靠这样的材料难以写出有分量的文章。

3. 激活写作运思。写作运思是写作过程中介于材料采集和文字表述之间的重要环节，其主要任务是对写作材料进行收集、分析和对表述进行构思。写作运思大致经历三个阶段，即萌发期、模糊期和明朗期。在萌发期，写作主体凭借已有的认知图式与写作客体进行信息交换，从中受到触动与启迪，产生一些观念和想法，从而引起写作的欲望和冲动。随着写作欲望的愈加强烈，纷至沓来的想法往往相互纠缠在一起，一时间运思活动似乎遇到了阻塞，这便是所谓的模糊期。这时，写作主体除了对写作客体进行再认知之外别无选择。写作中常常遇到的"再体验"、"再调查",特别是理论文章构想时常常要边翻阅文献边思考,都属于对写作客体的再认知。经过这种再认知,运思活动才能逐渐走向明朗,模糊的想法才能逐渐定型。

4. 检验写作成品。写作客体不仅对写作行为产生影响,而且其影响还要延伸到写作成品的传播活动中,即对写作成品进行价值判定。检验写作成品价值的标准可以是多样的,但归根结底还是要看它与实际是否相符,是否反映了客观事物的本质和规律。表面上,写作产品的直接判定者是读者,读者在判定写作成品高下时,尽管也可以根据各自的喜好和不同的知识背景,甚至可以受当时的社会意识形态或社会时尚左右,但客体属性中的社会历史性是人们认识、评价写作产品的重要标准。读者检验写作产品时,很大程度上要根据它反映客观事物的真实性来判断。

第三节 "如何写":触摸写作载体

写作载体是指承载文章(作品)中精神内容的外在物质形式,文章体式、表达方式和语体风格是构成写作活动的载体因素;是以有规律的语言文字来承载写作的意图、内容,传递信息的表述系统;担负着表达写作主体的思想、认识和情感的任务,具有写人记事、绘景状物、说理抒情、传递信息等诸多功能,体现着写作活动的直接目的。载体连接着写作客体(写作对象)、写作主体(作者)和写作受体(读者):它处于主体操纵下而又对主体形成制约,它是客体表现的物质基础而又与客体相辅相成,它是受体最先接触到的文字组织系统而又受到受体的影响[1]。

简言之,写作载体就是包含、运载写作内容的文章形体和传播媒介,即写作的成品。写作载体包括四个要素,即主题、材料、结构和语言。如下图:

---

[1] 写作学讲座第五讲——写作活动中的载体因素(共 320 页电子版),http://www.wm114.cn/wen/147/292653.html

第二章　幼儿园文案写作的原理

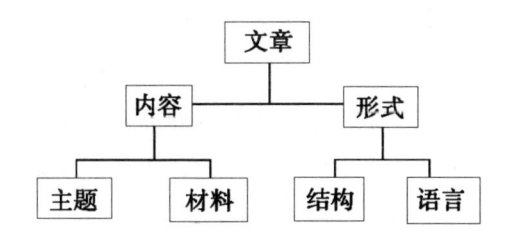

```
            文章
          ／    ＼
        内容    形式
        ／＼    ／＼
      主题 材料 结构 语言
```

一、主题

主题是作者在文章中通过具体材料所表达的中心内容或中心思想。

主题的特性：客观性、主观性、时代性。

主题的作用：主题是文章的灵魂和统帅。主题决定材料的取舍，支配文章的谋篇布局，制约义章表达手法的运用。

如何提炼主题。提炼主题有四个基本标准可以参照，即正确、深刻、新颖和鲜明。

例如，工作计划类文案的撰写可以按照时间或学期大致确定主题，例如《××幼儿园 2013—2014 学年度春季学期工作计划》。而家长开放日工作文案的写作主题，可以根据活动的目的，如培养孩子保护环境、爱护环境，确定一个像"我是环保小卫士"这样的鲜明主题。

二、材料

（一）材料的含义

"言之有物"是读者对文章的基本要求。为满足这一基本要求，根本的方法就是广泛采集并详细占有材料，占有材料的量是越多越好。所谓"多"，包含着对不同类型材料的全面采集，既要占有历史的材料，也要占有现实的材料；既要占有正面的材料，也要占有反面的材料；既要占有具体的材料，也要占有概括的材料。这样，有古有今，有正有反，有点有面，在写作主体的材料仓库里应有尽有，主体一旦提笔为文，在取材上就能新老相参，点面相援,正反相成,把文章写得既有广度,又有深度,使文章内容结结实实,言之有物。①

材料是主体根据自己的需要或特定的目的而收集的,是写入文章中的一系列事实现象和理论依据。进行文案写作时,主体需要对客体进行选择,有的客体可以成为材料,有的客体则不能成为写作材料。主体认识客体在前,获得材料在后。因此,写作客体中那些可能、可以或者已经派上用场的,才能称为"写作材料"。

对于幼儿园应用写作来说,写作主体(即教师)要及时领会党和国家的教育方针政策,准确掌握本地、本园、本班的实际情况,才能写出既有高度又有针对性的教育文案来。当然,要写出有感染力和说服力的文案,需要写作主体调动自己的生活积累。

在应用写作具体过程中,写作主体还必须面对这样的问题,例如,要写的内容,可能平时接触不多甚或是根本就没有接触过,或者说,平时根本就缺乏相应的素材积累,而我们又不可能像文学创作那样,可以不去写自己不熟悉的领域(因为应用写作是受"命"而作)。此时,写作的主体应该集中精力,充分调动自己的全部身心,以迅速地收集素材,按照相关规定和要求,高质高效地完成写作任务。②

(二) 材料的采集

材料采集的主要方法有阅读、观察、调查和检索。③

阅读即阅读相关书籍和资料以及上级的文件、本级的情况反映。阅读过程中要把精读和泛读结合起来,不可"好读书而不求甚解",要把其中的意义弄清,把握准确,要及时做好读书笔记。

观察是有意识有目的地感知自然和社会的方法。观察要全面、细致,点面结合。要善于比较,有比较才能有鉴别,要把握事物的特征,就要善于进行比较观察。观察还要善于打开五官,全面开放,使大脑通过五种感觉渠道

---

①②③ 叶润平. 应用写作 [M]. 合肥:合肥工业大学出版社,2006:8、9、9.

摄取生活中的每一个细节。观察要以理性为指导，随时把观察获得的感性材料纳入自己的认知结构，加以整理、加工、分析和思考，从而增强观察效果。

调查是指对写作所要反映的事物进行有目的有意识的考察和了解，它是应用写作获取材料的主要方法。调查通常采用开调查会、个别访问、蹲点调查等形式进行。调查要有切实可行的计划，要制订调查提纲，要设想在调查中可能出现的困难、问题及对策，还要讲究艺术性，如"谈话"的艺术、"提问"的艺术。要做好调查笔记，并及时整理。

检索是利用图书馆或工具书查找有用资料的方法，应该了解并学会使用各种检索工具。如利用图书馆查找资料，可以收集对应用写作有用内容的最新研究资料，全面了解有关情况。特别是要充分利用计算机网络检索，它快捷高效，是获取应用写作材料的现代化方法。

（三）材料的选择和使用

积累和收集到的材料如何应用于文章写作，涉及的是材料的选择问题。选择材料要视文章的主旨来定，因为主旨是一切应用文种的核心内容。写任何文章都需要写作主体在动笔之前在头脑中将该文的主旨（主体思想）思考清楚，如果随心所欲，匆忙为文，写出来的应用文就会层次不清，主旨不明。尽管许多公文写作的主旨都是领导事先点明的，但有可能存在交代不是十分清楚的情况。因此，写作主体在动笔之前，要有一个明确主旨的过程。[①]

当应用文的主旨确定后，作者应该围绕主旨合理选材。选材的要求主要有以下两个方面。首先要可靠，即所选材料要真实、准确。材料的真实性是一切应用文章的生命，材料真实有两方面的含义，一是确有其事，不是虚假的；二是所选的材料不仅在局部是真实的，在全局意义上甚至在全部意义上也应该是真实的。准确，指的是材料的无误。写人时，其年龄、性格等都应该符合实际；叙事时，时间、地点、人物、事件、原因、结果等都要准确清楚；引用时，史实、论述、数字等资料，都必须十分清楚明确。总之，一切

---

① 叶润平. 应用写作 [M]. 合肥：合肥工业大学出版社，2006：9.

都要经得起任何形式的检验和核对。其次要精当，即所选材料要完美、得当。它包括三个方面：第一要典型，能够深刻反映事物的本质，具有广泛的代表性，实现以少胜多、以一当十的效果；第二是新鲜，应是新发现、新产生的材料，或是人们不熟悉以及他人未使用、未发现的材料，或是虽然已被他人发现或使用过，但却能翻新活用、从中能发掘出新意的材料，给人以新启示，使人受新教育；第三要得当，能够恰当地说明问题，表现主题，做到恰到好处。①

材料在使用时要注意三个问题：第一，材料的顺序要贴切，或按时间的前后，或按事件发生的逻辑顺序来展开。第二，材料的详略要得当，突出重点。第三，材料与观点要相统一，材料是为了反映和说明主旨和观点的，因此要统一。

三、结构

一篇文章中每一个意象或句就是一个兵，你在调用之前，须加一番检阅，不能作战的，须一律淘汰，只留下精锐，让他们各站各的岗位，各发挥各的效能。排定岗位就是摆阵势，在文章上叫做"布局"。

——朱光潜

（一）结构的含义

结构又称布局、谋篇，是指文章各部分按一定的组合关系联结而成的序列形式。

结构有一定的基本原则可以遵循。首先，结构可以正确反映客观事物的发展规律和内在联系。以往我们在学习其他文体写作时，都会有一些基本结构。例如，记叙文的结构形式一般表现为：开端—发展—高潮—结尾；议论文的结构形式一般表现为：引论—本论—结论，即提出问题—分析问题—解决问题。这种常用的结构，反映的是事物内在的发展规律和联系，因此，在

---

① 叶润平. 应用写作[M]. 合肥：合肥工业大学出版社，2006：10.

写作时也应遵循这种普遍规律。

另外，结构应服从于表达主题思想的需要，而非写作主体随意安排。

再者，结构也要适应不同的文体特点。我们以往在学习其他文体的写作时，也会有所体验。如诗歌是分行分节的，富有音乐性和节奏感；戏剧是分幕分场的，具有强烈的戏剧冲突；消息在结构上一般有导语、主体、结语三个部分。这些反映的都是文章的结构受文体的约束。幼儿园工作文案写作，文体没有文学作品那么丰富，但是在行文时，其结构安排还是受制于不同类型的文案特点，都会有一个大概的框架可以依循遵照。

（二）结构的基本要求

第一是形式匀称，第二是衔接紧密，第三是节奏鲜明。

（三）结构的基本内容

1. 层次和段落

层次是内容上相对完整的意义单位，也叫意义段。段落指在书面形式上以换行为标志的章法单位，也叫自然段。段落的划分要注意段落的"单一性"和"完整性"，还要适当注意整体的匀称，做到轻重相当，长短合度。

层次有三种基本的组合方式。第一，纵式组合，即按时间顺序或逻辑顺序安排层次。第二，横式组合，即按空间顺序或事物、事理的不同类别或不同方面安排层次。第三，纵横交错式组合，这是指纵向推移中，展开横向的方面，或者是在横断面上插入纵向的发展。

2. 过渡和照应

过渡是指层次、段落之间的衔接与转换。它是上下文连接贯通的纽带，起到承上启下、穿针引线的作用，使全篇内容组织严密、文气贯通、浑然一体。文章需要过渡的情况有：第一，层次关系转换，由总到分或由分到总，一般需要过渡。第二，表达方式转换，如由叙述到议论，或由议论到叙述，一般需要过渡。第三，时空转换，如采用倒叙、插叙的方法时，其转换衔接处需要过渡。第四，内容转换时需要过渡，如从优点到不足的阐述。

照应是指前后内容的关照呼应。前面写的事物后面要有着落，后面写的问题，前面要早已埋下伏笔。有前因后果，有根有源。常见的照应方法有首尾照应、前后照应、行文和标题照应及反复照应。

3. 开头和结尾

文章结构的基本形式表现为开头、主体、结尾三部分。

文章的开头，主要有两种形式，一是"开门见山"式，二是"曲径通幽"式。"开门见山"式，一般直接点明题旨，或切入中心内容，简练而明确，读者易于了解全文宗旨。"曲径通幽"式，往往是先从别的问题或事情说起，然后再转入正题。

主体即文章的正文部分，承载了文章的主要内容和中心思想。

古人以"豹尾"比喻文章结尾，就是说结尾要精练有力自然。"力截奔马"式的结尾，这类结尾总结全文，点明主题。还有一类结尾为"委婉含蓄"式，巧酿余味，给人"辞尽意不尽"、"言有尽而意无穷"的感觉。如图霍尔斯基《女人爱虚荣。男人呢？从来不！》的结尾："这个男人沮丧地关上窗户。女人爱虚荣。男人呢？男人从来不爱虚荣。"

（四）结构方式

应用文谋篇布局的过程实际上是一个思维的过程，往往是由总体构思向具体结构推进，反复研磨主题与材料、材料与材料的关系以确立具体的结构方式，再在结构方式的统领和制约下，确立结构的具体内容。应用文虽然文种繁多，但由于写作主体的思维模式和表达手段毕竟有限，所以，繁多的文种最终可用几种典型模式去描绘它们结构内部所包含的思维规律。归纳起来，应用文的结构方式主要有以下几种[①]：

因果式。它是前因后果或前果后因的结构，遵循因果思路，展开谋篇布局。这种结构方式在应用文写作中使用频率较高。

时序式。这种结构方式要求按照事件发生、发展的先后顺序来安排应用文的结构。无论在文章中标明还是不标明事件，都要求时间概念必须清楚，

[①] 叶润平．应用写作［M］．合肥：合肥工业大学出版社，2006：11—12．

时间线索必须清晰。它常用于那些内容单纯、叙事性强的应用文种，如通报、报告、调查报告等。在幼儿园的文案写作中，时序式也是经常用到的结构方式，如家长会文稿的写作、家园开放日活动的文案等都可按此结构写作。

递进式。这种结构方式通常是以某种逻辑关系为主线来安排结构。它一般是先安排叙事，然后再进行说理，最后得出结论。其整体思路是遵循提出问题、分析问题、解决问题的三段思维模式。这种结构方式在教育随笔文案写作中会用到。

对比式。文章结构的安排方式存在着某种对比关系，或正反对比，或今昔对比，并在对比中展开思路，说明问题。它可以是同一事物在不同时期的前后对比，也可以是不同事物在同一时间、同一空间的对比。幼儿园文案中像工作总结、教育随笔、家园联系中幼儿评语的撰写等常采用这种结构方式。

总分式。总分式结构是演绎法和归纳法两种推理方法的综合运用。所谓"总"，有两种情况，一是体现在文章的开头，首先总括其内容；二是体现在文章的结尾，总结其观点。所谓"分"，主要表现在文章的主体部分，或分述其内容，并列几个层次，或分论其观点，并列几个小观点。这种结构方式在幼儿园工作总结等应用文中使用得较广泛。

并列式。这种结构方式只有分述，没有总括。它依据具体情况的方方面面，把整个应用文的内容分层列举，横向展开，并列铺排，不分主次，各自从不同的角度共同阐述文章的主旨。幼儿园家长会议的文案可以采用这种结构方式。

1. 清明时节雨纷纷，路上行人欲断魂。借问酒家何处有，牧童遥指杏花村。

2. 清明时节雨，纷纷路上行人，欲断魂。借问酒家："何处有牧童？"遥指杏花村。

3. 清明时节。雨纷纷。

路上。

行人（欲断魂）：借问酒家何处有？

牧童（遥指）：杏花村。

　　这段小资料反映出，同样的文字因为标点符号运用的不同，导致语言传达的内容和意境不同，说明了语言在生活运用中的重要作用。

　　某教师在一篇教育随笔《如何指导大班制幼儿美术》中写道："我教幼儿绘画采用了很多引入的方法，有用故事情境引入，故事和主题沾边，有音乐引入，让幼儿能够在静止的画面产生动态的感受，有艺术引入，为幼儿创设一个艺术情境，有游戏引入，在小小游戏中让幼儿体会快乐，总之，目的就是让幼儿喜欢绘画，愿意去画。"[1]

　　这句长达一百来字的话，除了一个句号之外，整个句子是一"逗"到底（基本都是逗号），显得拖沓冗长，该教师在指导大班制幼儿美术中引入了哪些具体方法需要读者自己判断。如若改动标点，层次感会更鲜明些，如："我教幼儿绘画采用了很多引入的方法，有用故事情境引入，故事和主题沾边；有音乐引入，让幼儿能够在静止的画面产生动态的感受；有艺术引入，为幼儿创设一个艺术情境；有游戏引入，在小小游戏中让幼儿体会快乐。总之，目的就是让幼儿喜欢绘画，愿意去画。"四个分号的运用，将教师使用的方法的"多"体现出来，而且层次鲜明；运用两个句号，将一个长句子改成两个短句子，减轻了读者的阅读负担，思想表达的逻辑性则更强了。

四、语言[2]

　　应用写作过程中，当写作主体在确立主旨，选好材料、考虑好结构后，就要把具体内容传递给读者，此时，作者要借助书面语言媒介。根据应用写作的特点，作者在表达过程中必须遵从有关要求来规范语言。语言表达要清楚明白，要语无歧义、言不费解，尤其不要故作高深地使用一些灰色生僻的词语，让人不好理解或无法理解。用词要准确，仔细分辨词语的感情色彩和风格色彩，选用那些最恰当、最能如实反映特定事物本质的词语。表达要直

---

[1] 蒋亚湘. 教育随笔：如何指导大班制幼儿美术 [J]. 现代阅读，2012（11）.
[2] 叶润平. 应用写作 [M]. 合肥：合肥工业大学出版社，2006：11—14.

接，无论是记叙、说明还是议论，都必须开门见山，直截了当，一下子就表明写作意图，让写作受体从语言的表达中直接明确该文的写作目的。不要有话不直接说，绕弯子，转圈子，或隐晦暗示，让人只能从文字的背后去领会某些意图。语言结构要简单，多用单句，少用复句；多用短句，少用长句。切不可堆砌语言，不管有用无用，不负责任地将一些华丽辞藻、漂亮的"新名词"堆在一起，让人看了眼花缭乱、扑朔迷离，不仅浪费了写作受体的时间，也使写作主体的写作意图无法真正体现，如果是公文，那将影响公文的办理效率。

语言的表达又称表达方式或表达方法，它是人们在写作实践中形成的具有规律性的方法和技巧，是应用写作中必须运用的手段。文章的表达方式共有五种：叙述、描写、议论、抒情、说明。具体写作中，五种表达方式互相联系、互相补充，但在不同的文体写作中，各有侧重。应用写作主要以叙述、议论、说明为主。

叙述是把人物经历或事物发展变化过程表述出来，是应用写作的主要表达方式，运用范围非常广泛。有的文体就是叙述贯穿全文，如简报；有的依据所述事实作出决策或预测，如调查报告或行政公文中的决定、批复等；还有以所述事实作为签订协议的依据，或以所叙述的事实作为凭证，如经济合同、法律文书等。叙述的方式包括顺叙、倒叙、插叙、分叙、补叙等。应用写作中，最常用的方式是顺叙，它严格按照事件和事物发生、发展、结局的自然序列以及解剖问题的逻辑次序来进行，形成条理分明的叙述程序。这种方式符合事物发展的内在逻辑，符合人们认识问题的思维规律，既便于组织材料，又使人一目了然。由于应用写作是为了说明问题或剖析事物及问题的因果关系、内在联系，需要对事物做综合概括，因此，具体写作过程中，主要是用概述，它疏而快，涵盖广，能用较少的文字把事件陈述清楚。应用写作中，对人和事的叙述不是目的，其用意在于揭示事物的本质，因此，叙述往往同议论相结合。叙述为议论提供依据，议论以所述的客观事实为前提。

议论就是议事论理，是运用事实和事理材料进行论证，从而判明是非，证明自己的见解和主张。议论有三要素，即论点、论据和论证。论点又称"论断"，它是作者对文章论题所持的观点，所作的明确判断。论据是指用来证明论点的材料依据，它包括事实依据和理论依据，与论点有内在的一致性和必然的逻辑关系。论证是作者通过一定的方法，用论据论证论点的逻辑过程，即揭示论点和论据之间的逻辑关系。应用写作运用议论这一表达方式有其特殊要求，它没有过多的抽象议论和逻辑推理，通常是简括性的，其笔调多是论断式、评判式和总结式，强调说理性、逻辑性和通俗性，客观评说，观点直露。应用写作中，往往很少单一使用议论，常和说明、叙述结合在一起使用。

说明，即阐释和解说。它是用简明准确的文字对事物的形状、特性、构造、演变等，或对人物的出生、名号、事业、成就等所做的解释和介绍。说明在应用写作中使用极其广泛，调查报告、计划、总结、章程、法规等文种的写作中，都离不开说明这种表达方式。应用写作中的说明通常要概括，不必做大量的诠释，也不宜出现大段的解说。其客观科学性要求更高，不允许渗进写作主体的任何情感。

应用语体要求用词造句要符合规范，合乎事实，语义单一，句式要完整，力求通俗，能说明问题，少用疑问句和感叹句，少用描述性、表情性的词语，多用陈述句，判断注重客观实际，讲究实效，具有简明性、模式化的特性。幼儿园工作文案写作更多是应用语体的写作，因此，教师可以根据不同的需要，按照应用语体的要求，有目的地进行文案撰写。

第四节 "为谁写"：对话写作受体

罗曼·英加登说过："每一次新的阅读都会产生一部全新的作品。"有人则说："一千个读者眼中就有一千个哈姆雷特。"这些谈的都是写作受体的审美。

第二章 幼儿园文案写作的原理

一、写作受体的概念

"写作受体"指文章的接受者，包括文章的把关人（如编辑、领导）和广大读者。[①] 幼儿园文案的写作受体更多指的是教师同行、领导、家长及幼儿等。

真正意义上的写作活动并不终止于"写"。当我们写完文章的最后一个标点，当我们对文案作了最后一笔修改润色，并不意味着写作的最后完成。文案写作也要将产品投入社会，以达到预期的目的。文案写成之后的传播、接受看上去与写作行为无关，实际上它投影于写作过程之中，并直接影响着写作主体的写作。当我们拿起笔，意识中马上就会对写作受体、受体要求有一种预测，并根据这些预测决定写作的运行；文案写出之后，写作受体的评价也会直接影响到写作主体的下一次写作。写作受体还涉及一个更深的情感因素，它往往引导写作主体忘我地投入到写作境界中去。如，贾岛在自己的诗作中曾写下这样的注释："两句三年得，一吟双泪流。知音若不赏，归卧故山秋。"讲的是写作主体期待与写作受体的交流，这种交流的愿望激励写作主体更好地投入到写作中去。

"写作受体"体现在以下几个方面[②]：（1）指定读者、特定读者、一般读者、批审读者。"指定读者"，指文章所指定的读者，一般是某一个具体的人，或某一具体的群体。如日常书信的写作，它的读者是收信人；报请一类公文的写作，它的读者是写作者的上级；通知决定一类的公文，它的读者是写作者的下属；规章制度一类文书，其读者对象是单位、组织的每一个成员。"特定读者"，指读物所限定的"消费者"，它不是指向某一个人或某一个具体的群体，而是指向"某一类"。如，科技文章的读者是研究相关问题的专家和专业技术人员；少儿读物的阅读对象是青少年；"经济消息"的读者是从事经济工作的有关人员。"一般读者"，指读物所广泛适应的"消费者"，读物对他们

[①][②] 陈果安. 现代写作学引论［M］. 长沙：中南大学出版社，2002：57、58—59.

的年龄、性别、职业、文化程度、身份都没有要求，只要具有一定的阅读能力，并且有这方面的阅读兴趣。"批审读者"，主要指文章的把关人，包括单位领导人以及报刊、出版社的编辑等。作者写作，通常会考虑编辑是否同意等因素。一些特殊的文体，如公文，还得考虑领导的意志。（2）基本读者、可能性读者、理想读者、非理想读者。"基本读者"指直接读物所应拥有的读者。"可能性读者"不在基本读者之列，但由于种种原因，有些读者可能会读到自己的文章，成为自己的"可能性读者"。"理想读者"是指完全能理解作者的写作意图、能接受作者独特的表达方式的读者。"非理想读者"与此相反，是指理解作者写作意图及表达方式存在一定困难的读者。"基本读者"、"理想读者"、"非理想读者"是写作主体写作中考虑比较多的因素。写作主体不能不考虑文章的"基本读者"。如果脱离了"基本读者"，写作就没有对象感。如果读者的条件很好，阅读期待很高，写作主体写作中就会避开一般性的常识，单刀直入直接讨论比较高深一些的问题。如果读者在阅读理解方面存在一定困难，写作主体就要深入浅出，力图使文章写得明白易懂。

因此，幼儿园教师在进行文案写作时，需要考虑写作受体。幼儿园文案的类型较丰富多样，因此教师在撰写不同类型文案时一定要考虑接受对象。例如园长作为管理者在写计划、总结类文案时，要考虑到上级领导在视察工作时会抽查此类文案进行评价，那么在写这类文案时就要考虑到此类写作受体。另外，幼儿园的计划也需要幼儿教师群体的参与和执行，因此管理者在制订计划时也要考虑到自己在执行和管理时的可行性以及幼儿教师的接受程度和完成计划任务的现实性。

普通幼儿教师在写计划、总结类文案时，一方面需要通过计划文案规划自己的工作，另一方面也要让他人看到自己的工作流程和进展，方便他人对自己的工作进行管理或指导。此外，幼儿教师在写个人计划类的文案时要考虑到计划的受体——幼儿的水平和能力；在写家长工作类文案时，则要考虑到幼儿家长的心理特点、接受水平和能力。

【案例】

茜茜，你是一个活泼可爱的小姑娘，喜爱音乐，特别爱唱歌和跳舞，还能积极参加幼儿园的各种活动；更了不起的是这学期你画画进步不小，能大胆用色，还学会了用线条、花纹等装饰画面。老师希望升入中班的你上课能认真倾听，积极发言，养成良好的学习习惯，那你的进步一定会更大！[①]

这则评语饱含着教师对孩子的爱和深入了解，充满了对孩子的殷切希望。因此从孩子的角度来说，这则评语带给孩子的是自信和激励，能够满足孩子的成就感以及被鼓励和赞许的需要，激发积极的学习动机，巩固其正确的行为，同时孩子能知道前进和努力的方向。从家长的角度来看，这则评语的指引与建议，能让家长产生共鸣，帮助家长认识理解孩子的优缺点，与教师达成共识，产生愿意积极配合教师对孩子进行教育的意愿。

二、写作受体的心理特征

甲：这种手表款式新颖，美观大方，男女皆宜；质量可靠，走时准确，误差保证在 24 小时 + 24 秒的正常范围内；请君购买，莫失良机。

乙：这种手表走得不太准确，24 小时会慢 24 秒，请君购时要深思。

以上两则广告词，哪一则更能抓住受体（消费者）的（消费）心理？答案毋庸置疑，是"甲"。这两则小广告，说明研究受体的心理特征对于商品销售的重要性。同理，在进行幼儿园文案写作时，写作主体若能研究写作受体的心理特征，其文案产生的效果会更好。

时代的变化、社会的变革、观念的更新，幼儿园文案的写作受体也随之发生了改变。年龄的差异、文化层次的区别、人生经历的不同等内因，也会使写作受体的心理随语言环境的变化而有所不同。我们总是视不同的对象说不同的话，写不同的文章，因此，写作主体在进行文案写作时也要研究并把握写作受体的现时的、历史的接受心理。

---

① 周纯. 寥寥数语彰显睿智——对撰写幼儿评语的思考［J］. 小学时代（教育研究），2014（07）.

1. 写作受体解读的素质

写作受体解读素质的基本内容包括有良好的身心感受素质、广博的文化修养素质和丰富的生活阅历素养三个方面。

鲁迅也有类似的对《红楼梦》的评价："《红楼梦》是中国许多人所知道，至少，是知道这名目的书。谁是作者和续者姑且勿论，单是命意，就因读者的眼光而有种种：经学家看见《易》，道学家看见淫，才子看见缠绵，革命家看见排满，流言家看见宫闱秘事……"

2. 写作受体的心理特征

任何写作主体要使自己的写作活动取得满意的效果，必须研究受体的心理特征，掌握受体能够保持浓厚持久的阅读兴趣的心理原因，然后去顺应它，但这种顺应绝不是无原则的迎合甚至献媚。写作受体的心理特征主要有：求实心理、求尊心理、求新心理[①]。

真实是文案的灵魂和生命，是文案写作的基本出发点，也是写作受体的衷心愿望和迫切需要。幼儿教师在阅读文案时希望看到真实的例子，幼儿家长在阅读文案时希望了解孩子在园的真实情况，而园长更是希望通过阅读文案了解幼儿园的真实状况。因此，只有内容真实的文案，才会取得写作受体的理解和认可。事实胜于雄辩，文案的内容越真实就越可信，就越能使写作受体信服，从而提高写作受体对幼儿园工作的配合力度。

马斯洛把人的需求分为五个层次：生理的需求、安全的需求、爱与被爱的需求、尊重的需求、自我实现的需求。这五种需求从低到高，引发出人的种种社会行为。随着社会的发展，人的主体意识的增强，处于社会关系中的人，越来越需要得到他人和社会的尊重。需要尊重，是人们高层次的心理需求。幼儿园教师在写作文案时必须尊重写作受体，不论是领导还是家长，甚或幼儿，都要给予尊重，满足其求尊心理，才能取得写作受体的支持与合作。那些不顾客观实际情况，习惯于下达命令、高高在上、盛气凌人的文案写作

---

① 艾英. 公文写作中如何把握受体心理 [J]. 文学教育，2011 (11).

风格往往就是对人的不尊重，结果可能引起写作受体的反感，难以达到预期的效果。

喜新厌旧，人之常情。人们都喜欢阅读新的文章，了解新发生的事。观点、内容陈旧的文章，不能激起读者兴趣。社会的发展变化是日新月异的，只要做个有心人，教师便能在撰写幼儿园文案时满足写作受体的求新心理。否则，一篇每年都一样、每次都相同的幼儿评语或者家长会文稿，就会降低幼儿家长的阅读期待和参与幼儿园工作的积极性和热情度。

三、写作主体的"受体意识"

写作主体的"受体意识"，是指写作主体及时把握写作客体对写作内容的需求、接受心理、能力以及务实或审美趋向等，并将其纳入写作活动而形成的一种心态。这些意识包括对写作受体的确认，与写作受体交流并激发其共鸣的意识，期望写作受体反馈的意识。

首先，可以对受体进行分类。如前所述，在基础写作当中受体可以分为指定读者、特定读者、一般读者、批审读者一类；或者是基本读者、可能性读者、理想读者、非理想读者。幼儿园文案的写作受体则可以分为：幼儿园管理者、幼儿教师、幼儿、幼儿家长、幼儿园行政人员、幼儿教育专家等。

其次，了解写作受体的阅读心理。这些阅读心理包括：求知的需要，前文已有所述；好奇的需要，好奇是先天形成的人类行为最强烈的动机之一，不管在何时、何种条件下，人们永远对未知的事物保持着充足的好奇心和求知欲；交流的需求，源于人们解决实际事务的需要，适用于事务类文书的写作受体；归属性心理，社会流动性的加剧、家庭的代沟、持续不断的都市化以及消失的邻里亲密之情加剧了人们战胜异化感、孤独感、疏离感的需要；特殊年龄群体的归属感心理需要；创造性需求，是一个产出性的需求，受体能从文章中提升自己、创造出新的知识主体、能印证自己，或者在文章基础上设疑、求证，或者通过文章获得审美的创造。

在写作伊始和写作进行过程中，自觉地考虑写作受体的需要和接受能力，是写作主体应具有的基本写作受体意识。写作主体的"受体意识"具体表现为以下三个方面。①

首先，考虑的是自己先"变"为写作受体。就是说，写作主体把自己置于双重身份之中，一重身份是写作主体，一重身份是写作受体。写作主体不断地进行精神创造，同时又在充当着写作受体，不断地欣赏、评价自己的成品，这样，在写作主体的意识中，写作受体的地位突出了。

其次，考虑写作受体可以接受的主要条件。如要考虑写作受体的年龄、性别、人群、职业、文化差异等，还要考虑写作受体所需要的内容和形式，写作受体需要的目的和途径。

再次，既考虑顺应，又考虑引导。即主体顺应、征服、提升受体。写作主体对写作受体在大多数情况下不能强制，只能顺应，必须符合写作受体的需要和条件。这样，写作主体和写作受体才协调，受体受到了应有的尊重才能使写作主体的精神产品拥有更多的受体。但是，写作主体也不能一味顺从和适应。那些正确的、有益的、向上的或至少是无害的需要和意见才能顺从和适应，对于不正确的、有害的、低级趣味的、不健康的需要和意见就只能引导并加以说服。

写作主体的精神产品能否得到公认，唯一的裁判就是写作受体。没有写作受体，任何写作主体的精神产品都是毫无意义的。因此，幼儿教师在进行幼儿园文案写作时如果能具备写作受体意识，会使教师的教育理念和活动等更易被家长接受，使教师的教育更有针对性，工作更好展开。

小结

写作主体、写作客体、写作载体和写作受体四要素之间的关系。②

1. "写作客体"与"写作主体"

在"写作客体"与"写作主体"之间，存在着一种双向作用过程：一方

---

① 王强模. 谈谈写作受体的作用 [J]. 贵阳师专学报（社会科学版），2000（4）.
② 陈果安. 现代写作学引论 [M]. 中南大学出版社，2002：59—60.

面，是"主体"对于"客体"的积极认识；另一方面，是"客体"对"主体"的浸染和培植。写作主体离不开写作客体，写作客体也离不开写作主体。离开了"客体"，写作就成了无本之木，无源之水，无法进行。但纯粹客观的外在世界是无法进入写作过程的，如果写作成了完全意义上的客观记录、客观摹写，写作也就不成其为一种精神产品的生产活动。所以，"客体"要进入写作过程，必须经过"主体"的认识、整合、编码，经过"主体"的心灵化，才能成为写作的生产资料。与此同时，外在客观世界并不是纯粹作为一种写作材料而等待着"主体"去收集的，而是积极地反作用于写作主体，它往往通过潜移默化的浸染或急剧动荡的震撼，改变着写作主体的心灵状态，孕育着"主体"的思想、情感、人格、胸怀、理想、信念、追求、知识，从而更深层次地影响和规范着"主体"的写作行为。

2．"写作主体"和"写作载体"

在"写作主体"与"写作载体"之间，也存在着一个双向作用的过程：一方面是"主体"自觉地操演着语言文字符号、篇章结构、文本；另一方面，"载体"又以其自身的规律，规范和制约着写作主体。写作离不开"主体"，因为一切写作行为都要写作主体操作，写作主体的基本状态，包括人格、胸怀、胸襟、认知、知识、智能以及技巧的运用，无不随时随地地制约着写作行为，并且决定着这个精神产品生产的质量和效益。但"载体"也并非是一个随意接受"主体"摆布的客体。一方面，无论是语言文字符号、篇章结构还是由它们组成的"文本"，都蕴含着其自身的规律、规则、特点，对写作行为作了内在规定，如果完全漠视或脱离这些规范，写出的文章也就不成其为文章，写作也就不成其为写作。另一方面，"主体"对"载体"——语言文字符号、篇章结构以及文本的掌握又可以转化为写作主体的一种基本技能，甚至转化为一种创造力，从而使写作主体更加完美娴熟地实施写作行为。

3．"写作载体"与"写作受体"

"写作载体"与"写作受体"之间也存在着一个双向作用的过程：一方面，是"载体"对"受体"的引导、暗示和规范；另一方面，是"受体"对

"载体"的期待、选择与批评，"受体"从更内在的层次参与了写作主体的创作。作品是写给读者看的，任何作品都会给读者以规范、暗示与诱导，都力图感染读者、感动读者、启迪读者，让读者完完全全地接受作品的内容；但"受体"也并不是完全被动地等待着"载体"的引导、规范与暗示，它往往会通过自己的选择、评价等积极反馈的形式，影响和左右着"载体"的制作。

4. "写作受体"与"写作客体"

"受体"与"客体"之间，也存在着一个双向作用的过程：一方面，"受体"在接受作品、评价作品和参与作品再创造的过程中，无论作品属哪一类文体，或是属何种创作方法，他都会自觉或不自觉地把客观现实生活作为评判作品、参与作品创造的一种潜在的标尺，以断定作品价值的高低好坏以及产生共鸣的程度；另一方面，广大读者接受作品的阅读过程、阅读现象，很自然地又构成了一种社会想象、客观现实生活，从而使"主体"开始新的写作行为。

【思考与训练】
1. 什么是观察能力？
2. 主要的阅读方法有哪几种？
3. 阅读过程中需要注意哪些问题？
4. 人的思维形式主要有哪几种类型？
5. 写作主体、写作客体、写作载体、写作受体的含义及相互关系。

第三章　计划、总结类文案的撰写

【内容提要】

　　计划、总结类文案在幼儿园管理工作中起着导向性的作用。从广义来说，计划或总结类文案都可划分为综合类和专题类。本章将具体向大家介绍综合类计划、专题类计划与综合类总结、专题类总结的文体特点及其写作要点。

第一节　计划、总结类文案概述

幼儿园教育教学工作的开展需要管理者事先对各项工作进行安排，这就需要制订计划；教育工作者对计划的工作实施情况如何，其中遇到的问题，如何解决，有着怎样的收获等，都需要进行评价总结。

一、计划类文案概述

（一）计划类文案的类型

计划是对未来一定时期内的工作预先确定切实可行的目标、要求、指标，提出科学合理的措施和步骤以及完成期限，用文字表述出来的一种文体。它是对即将进行的工作作出的一种全面的实施安排。从幼儿园层面来说，幼儿园工作有了切实可行的计划，目标任务明确，措施可行具体，就能减少工作的盲目性、随意性，增强自觉性、主动性，调动积极性，指导、推动幼儿园工作的顺利进行；对教师个人来说，有条不紊地开展教育教学工作需要依据切实可行的计划，以避免失误。

根据内容的差别、期限的长短、成熟程度等，广义的计划可分成以下四类。

规划：计划时间较长、范围较广、内容叙述粗线条的长远设想。

方案：是对将要进行的某项重要工作，从目的、要求、工作方式方法到具体进度作全面安排的计划。[1]

安排：是对短期内工作进行具体布置的计划，内容的叙述比较细，制订的一些指标及实施措施步骤都很具体。

要点：上级对下级布置工作任务，并提出完成任务的要求及主要措施步骤和方法，重点在于原则性指导的计划。

---

[1] 叶润平. 应用写作 [M]. 合肥：合肥工业大学出版社，2006：77—78.

狭义的计划，从幼儿园工作角度而言，按内容分，有幼儿园园务工作计划、教学计划、班务工作计划、部门工作计划、科研计划、个人计划等；按时间分，有幼儿园学年计划、学期计划、月计划、周计划等；按形式分，有条文式、表格式和条文表格式结合式的计划；按性质分，有综合性计划和专题性计划。

（二）计划类文案的特点

1. 预见性

"凡事预则立，不预则废。"这句话道出了计划的重要价值。计划不是对已经形成的事实和状况的描述，而是先于要进行的实践活动而制订的，因此计划的最显著的特点是预见性。在计划制订之初，要对幼儿园教育教学工作的任务、目标、方法、措施做出预见性确认。要尽可能准确地预测出教育教学工作的方向，提出有利于工作开展的切实可行的措施和方案。但这种预想不是盲目的、空想的，而是以上级部门的规定和指示为依据，以本单位的实际条件为基础，以过去的成绩和问题为参考，对今后的发展趋势做出科学预测之后形成的。[①]

2. 针对性

无论是何种工作计划，都是针对党和国家的方针政策、部门的工作安排和指示精神而定；同时针对本单位的工作任务、实际工作的主客观条件和工作人员的相应能力而定。只有从工作实际出发制订出来的计划，才是有意义、有价值的，否则就陷入空中楼阁。

3. 可行性

可行性是和预见性、针对性紧密联系在一起的。可行性是预见性的基础，如果目标定得过高、措施无力，那只能是"海市蜃楼"，完成计划也就是一句空话；目标定得过低，虽然很容易实现，并不能因而取得有价值的成就，那也算不上有可行性。因此，符合实际、切实可行、有针对性的措施计划，在

---

① 张世轩，和丽芬等. 常见实用文体写作［M］. 重庆：重庆大学出版社，2010：64.

现实中才真正可行。

4. 指导性

计划一经通过、批准或认定，就要对所指向的应完成的教育教学任务具有指导作用和约束作用。幼儿园教育教学工作的开展、时间的安排等，都必须按计划严格执行。

二、总结类文案概述

总结通过对工作的回顾，培养工作者观察事物、分析事物的能力，肯定成绩、发现问题，也对过去的工作起着评价的作用，同时为下一阶段工作的开展提供依据及基础。

（一）总结类文案的类型

总结类文案是对过去一个阶段或一定时间的实践，包括工作、学习、生活、思想等方面，进行回顾、检查、分析、研究与思考，从中分析经验教训，得出规律性认识，用以指导今后工作的事务性文体。

总结与计划是相辅相成的。计划是预先做设想与安排，解决"做什么"与"怎么做"的文体；总结则是做事后的分析，回答"做了什么"、"做得怎样"和"为什么这样做"等问题。[①]

总结的形式非常多，我们常说的"小结"、"体会"也是一种内容较简单、时间较短、范围较小的总结。具体来说，按性质分，有综合总结和专题总结；按内容分，有幼儿园园务工作总结、教务总结、学习总结等；按范围分，有部门工作总结、班级工作总结、个人总结等；按时间来分，有年度总结、季度总结、月份总结等。

（二）总结类文案的特点

1. 实践性

总结不是虚构和想象故事情节，而是回顾实践或工作的全过程。

[①] 叶润平. 应用写作 [M]. 合肥：合肥工业大学出版社，2006：83.

2. 理论性

总结的过程，是把实践中的碎片化的、表面的感性认识归纳出来，把教训分解出来，在分析实践工作的基础上归纳、提炼上升为全面、深刻的理性认识，从而对工作做出正确评估，以增强工作的自觉性和主动性。

3. 客观性

总结是在客观事实的基础上进行合情合理的分析，找出带有规律性的东西，以便对今后工作起指导、借鉴作用。

4. 简明性

总结往往作概括叙述，而不必具体描写；作简要说明，而不必旁征博引；作直接议论，而不必多方论证。①

第二节 综合类计划、总结文案的撰写

一、综合类计划文案的写作要点及示例

（一）写作要点

综合类计划是指幼儿园或教师个人对某一时期内的某项工作进行系统、综合的统筹安排。教师的教育教学工作计划是实施教育活动的基本依据，包括教学工作计划、班主任工作计划；幼儿园要制订幼儿园年度学期工作计划；教研组、后勤部门以及年级组也需要制订工作计划。无论是哪种计划的制订，都应根据《幼儿园工作规程》、《幼儿园教育指导纲要》和幼儿的发展水平，提出相应的工作目标。

1. 幼儿园园务工作计划

幼儿园园务工作计划是以国家教育政策和法规为依据，根据本园的幼儿实际发展水平，对本园的教育教学工作进行全面的安排，涵盖整个幼儿园工

---

① 张世轩，和丽芬等. 常见实用文体写作 [M]. 重庆：重庆大学出版社，2010：72.

作的方方面面，包括园务管理、教师培养与教研活动、保教工作、家长工作、后勤工作等，它对全园部门工作以及个人工作具有导向性。计划常见的形式主要有文字式、表格式、文字表格结合式。幼儿园园务工作计划的写法没有固定的模式，较为灵活。一般包括标题、正文、落款（署名和日期）三个部分。

（1）标题。完整的计划标题由四个要素组成：制订计划单位名称、计划时限、计划内容和计划种类组成，如"××幼儿园2008—2009学年春季学期工作计划"。

（2）正文。正文是计划的主体，包括总的指导思想和目标、完成任务的具体措施和办法、进度安排和基本要求等几部分。正文首先要阐明"为什么做"，认真分析本园的具体情况，概述制订计划的目的依据或背景情况，确定工作方针、工作任务、工作要求；其次要说明"做什么"和"怎么做"，确定具体工作步骤，针对可能出现的偏差、障碍，确定克服的办法和措施，这部分要有针对性、可操作性，条理清楚，以利于执行；最后根据任务需要，组织并分配任务，明确分工。

（3）落款。在正文右下方署上制订计划的单位名称，在署名的下行写上日期。

2. 班务工作计划

班务工作计划是必须依据幼儿园园务工作计划，结合本班的幼儿特点及本班实际，确立本班幼儿的培养目标和本班的工作任务和要求，并提出具体的步骤和措施及进展时间表的文案。

班务工作涉及幼儿园的各方面，是一个复杂的系统工作，只有制订好周密的工作计划，才能有步骤地把幼儿园的教育计划落实到班级，使幼儿园培养目标具体化、阶段化，以保证幼儿的健康成长。制订班务工作计划有利于对班务工作进行检查和督促。教师对工作进行经常性的督促和检查是提高工作质量的有效途径之一。有计划，就能正确检查自己的工作情况，同时，幼儿园、家长也可依据计划检查、督促班级工作。

第三章 计划、总结类文案的撰写

班务工作计划的基本结构应包括：班级的基本情况分析，包括幼儿发展的水平和特点、班级发展的有利因素和不利因素、存在的主要问题等。工作目标，包括总目标、阶段目标、各层次具体目标等。措施安排，包括主要教育活动、组织力量与分工、时间步骤安排等。

总之，在撰写综合类计划文案时要注意：认真分析本单位的具体情况，这是制订计划的根据和基础；确定工作方针、工作任务、工作要求时要依据上级政策及本单位实际情况，再据此确定工作的具体办法和措施，确定工作的具体步骤，环环紧扣，以付诸实施；根据工作中可能出现的偏差、缺点、障碍、困难，确定预计克服的办法和措施，以免发生问题时工作陷于被动；根据工作任务的需要，组织并分配力量，明确分工。综合类计划大都针对团体部门的工作而制订，因此草案制订后应交全体人员讨论。计划是要靠群体成员来完成的，只有正确反映群体的要求，才能成为大家共同奋斗的目标，并在实践中进一步修订、补充和完善计划。

（二）示例与评析

1. 幼儿园园务工作计划示例与评析

【示例】

××新村幼儿园 2011 学年第一学期园务工作计划[①]

（2011 年 9 月—2012 年 1 月）

一、情况分析

在积极贯彻落实××区"十二五"发展规划之核心理念"提升每一个学生的学习生活品质"，以"打造优质教育资源圈、链、点"为实施战略的过程中，××新村幼儿园以科学发展观为指导，以儿童发展为本，在管理团队、保教工作、师资队伍、后勤保障、园所设备等方面进行了诸多尝试，并为不断提升幼儿园的办园水平而努力。

本学期，依据××区教育局 2011 年上半年的工作要点，结合《纲要》精

---

① 此文来自 http://www.gnyey.com/website/web/show.asp? id=1057，在采用时隐去了幼儿园的具体信息。

神并根据我园现状，分析评估幼儿园三年规划的实施情况，总结经验、发现问题、调整策略，对进一步完成三年发展规划进行了深度的思考。

（一）优势表现

1. 管理机制在调整中不断完善

年轻的中层干部在工作中不断摸索实践，为做好各部门管理工作而努力付出，不计报酬与时间，尤其是一些身兼多职的干部更是主动积极，在教育教研、服务保障等方面为幼儿园的发展奉献着自己的力量。

2. 保教工作在评价中不断规范

在积极响应《××市关于规范保教工作质量实施意见》的过程中，我园从要求教师严格执行一日活动作息时间着手，认真做好四大板块之间的衔接和内容实施，确保了幼儿在生活中逐步养成良好习惯、在学习中积累更多解决问题的能力、在运动中锻炼身体各机能的协调性以及在游戏中体验获得成功的感受。

3. 教科研工作在实践中不断提升

上学期，本园的教育研究以"教师如何在个别化学习活动中实施有效策略来提升幼儿自主学习"为研究重点开展了系列实践研究，大教研组将总结出的一些策略及时与教师共享，使广大教师在操作上有了具体指导和策略方法，为有效促进幼儿发展起到了推动作用。

4. 园所环境在合理安排下不断美化

幼儿园的环境创设是园所发展的基点，因此，我园本着"以幼儿发展为本"的出发点，不断完善相关设施设备，为每一位幼儿营造优美、温馨、舒适的园所环境。

（二）面临的挑战

1. 虽然对幼儿园管理工作的相关制度进行了梳理与完善，但是在管理过程中还存在需要改进之处，尤其是各部门、各责任人应进一步明确自身职责，使管理更为科学高效。

2. 教师队伍的建设与打造仍是幼儿园发展的核心问题，而职初教师是幼儿园发展的后续力量，她们的成长关系到幼儿园的持续发展。

二、工作目标

以《纲要》和《指南》精神为方向，进一步贯彻落实幼儿园三年发展规划，加强园长课程领导力和教师课程执行力，并以师资队伍建设为基础，不断提高、促进教师的专业化水平，实现幼儿园工作全面、协调、可持续发展，不断提升办园质量。

三、具体工作目标和措施

（一）管理工作

目标：加强现代学校制度建设，梳理完善管理网络与部门职责，进一步加强中层干部的培养、管理与考核，强化协调各部门管理职责和工作部门之间的关系构建。

措施：

1. 分层管理

调整幼儿园管理网络。（具体人员安排略）

2. 制度职责

（1）继续整理完善相关制度，并修订各部门人员职责。

（2）园长对幼儿园全方位管理和考核，教研组长对教师日常工作进行管理和考核，每月28日汇总，要求对教师工作进行客观公正的评价，正确反映教师的工作状态和成效。

3. 民主管理

（1）坚持民主治园。通过组织充实、多样的工会活动，丰富"凝聚力"工程内涵，通过实施校务公开、民主决策、对话机制等形成积极向上的校园氛围，积极创建新一轮区文明单位。

（2）严格执行"三重一大"制度，完善物品申购、工程结算、中层选拔、培养等制度，坚持做到幼儿园工作民主决策、科学决策、依法决策。

（二）队伍建设工作

目标：为教师发展创设良好的成材环境，抓好教师队伍的梯队培养，落实青年教师培养制度和骨干教师的工作标准。

措施：

1. 师德培养

加强爱岗敬业教育，细化"求真务实，身正垂范，敬业爱生，和谐共生"的文化内涵，通过工会组织的多样化学习活动促进教职工理解落实，有效提升教职工的师德水平。

2. 分层培养

（1）职初教师。

（2）成熟型教师。

（3）骨干教师。

（三）保教工作

目标：不断加强教科研队伍建设和课题组织管理工作，做到以课题为引领、以科学研究为过程，提高教师教育科研的能力。

措施：

1. 教研活动

（1）根据上学期大教研调研结果，制订切实可行的大教研计划，加强理论学习的针对性和实效性。在回顾、反思、学习、研讨的过程中，进一步深入研究和实践，扩大实践面，使每位教师每学期都有实践展示的机会。

（2）继续开展教研组长结对活动，使新任教研组长进一步提高组织、实施与反思的能力，进一步提高教研活动的有效性。（园长随机参加各小教研组活动）

2. 科研课题

（1）继续以华师大课题《关于幼儿数学活动中表现性行为的研究》为载体，探索教师如何改变自己的教育行为，满足幼儿的发展需求。

（2）本学期，将进行课题《幼儿数学活动中教师专业能力的现状调查与策略的实践研究》结题工作。

3. 课程实施

（1）进一步修订和补充课程园本化方案，关注课程的实施、监控、评价，加强实施力度，推进保教质量的提高。

（2）调整分室活动负责教师，由教研组负责指导、督促教师完成分室活动环境创设、材料投放，保证幼儿活动质量。

4. 后勤队伍

（1）加强后勤队伍建设，明确后勤人员职责，使分工明确、责任到人。

（2）请保健教师制订后勤人员学习培训计划，每月一次、预先计划，做到有学习有测试，帮助后勤人员掌握相应的知识，转变观念。

（四）家园社区工作

目标：进一步健全三位一体共同参与幼儿园管理工作的机制，不断提高家长满意率。同时有效利用现代信息网络平台，充分利用社区学校的资源，开展多途径、多形式的早教指导活动，提高家长科学育儿的能力。

措施：

组建并发挥家园合作小组的作用。充分利用家长资源，鼓励家长参与幼儿园的管理，提高其参与幼儿园工作的深度和广度，更好地为幼儿园服务。

进一步提高教师召开家长会的质量，对教师进行相关培训，强调两天不来儿童的家访工作制度，增进教师与家长、孩子的感情，不断提升教师做家长工作的艺术性。

加强0—3岁早教指导站的工作，提升早教志愿者服务队的服务意识，丰富早教活动形式与内容，组织学习0—3岁早教指导方案，完成一年六次全区联动免费早教指导工作，提高早教活动的质量。

（五）园所设施建设

目标：创设优美、温馨、舒适、安全的幼儿园环境，为每一位幼儿能拥有健康快乐的集体生活而努力。

1. 园所安全

（1）开学初发放新生接领卡并把好门卫关，严格执行外访人员和物品进园检查制度，做好登记和回条工作，防范可疑人员和物品进入校园。

（2）继续实行首问责任制，外来人员进入后，第一个与之相遇的人即作为责任人，应密切关注来访者的情绪、需求和结果，既让客人感受关心，又为平安校园增加防线。

2. 园所修建

（1）做好教工餐厅、办公室等场所的布置工作，尽可能为广大师生提供安全、舒适的工作生活环境。

（2）科学合理地安排资金，添置教学需要的照相机、录像机、电脑等设备和玩具，为教师组织活动、指导幼儿和更好地工作提供物力支持。

××新村幼儿园
2011.8.30

【评析】

这篇幼儿园园务工作计划体现了综合类计划文案全面、系统的特点，采用了条文式呈现方式，标题完整，由四个要素组成，正文由三大部分组成：情况分析、工作目标、具体工作目标及措施。

（1）在情况分析部分，作者简要总结了前一段工作，找出优势所在以及未来需要面对的问题，为后续的工作奠定基础。

（2）根据工作指导思想，提出合宜的工作目标，为后续的工作安排提供了合理依据。

（3）具体工作目标和措施包括全园的管理、教师队伍建设、保教工作以及家园社区工作等，具有很强的针对性，落实到人，但是某些工作缺乏具体措施，如教师队伍建设，如何培养各层次的教师，只对教师进行了分类，没有提出切实可行的培养措施。全文层次清晰，格式规范。

2. 幼儿园班务工作计划示例与评析

第三章 计划、总结类文案的撰写

【示例】

2012 学年第二学期班级工作计划[①]

蔷薇 4 班　2013 年 2 月

一、班级情况分析

1. 班级概况。

我班原有幼儿 35 名（其中 1 人转入其他园所），现有 34 名幼儿中男孩 15 人，女孩 19 人，男女比例基本持平。本学期仍然由盛老师、许老师、陈老师三人负责班级工作。今年已是大班的最后一个学期了，尽管三位教师和幼儿相处的时间只有半年，但家长们都非常支持班级的工作，对班级情况非常熟悉，对幼儿园的活动、班级情况比较了解，对孩子的发展体验颇深，对于孩子出现的问题以及幼儿园各项工作上的疑问能主动与教师商量，探究解决问题的方法，使得班级的各种教育活动能顺利开展。经过小班、中班两年的教育和培养，班级幼儿在各方面都有不同程度的发展和提高。孩子们积极参加幼儿园的各类活动，在活动中形成初步的运动能力、规则意识、自我服务能力、自我保护意识等；活动中孩子们能积极探索、大胆操作，并学着用语言、制作、绘画等多种手段表达表现，喜爱动物、关爱亲人的情感逐渐养成。

（评析：班级实际情况是计划制订首要考虑的因素，相同年龄班会因为班级情况的不同而在实施计划的措施上大相径庭，所以班级实际情况是计划制订得当、工作得以顺利开展的依据。这一部分首先对班级情况做了概略介绍，包括班级工作人员配备、班级幼儿人数、幼儿大致的发展趋势等等。）

本学期，我们将结合大班下学期幼小衔接的特殊要求，根据幼儿的年龄特点与培养目标，分析班级幼儿现阶段发展状况，梳理孩子发展的长处与不足，扬长补短，因材施教，努力培养他们成为一名合格的、受欢迎的小学生。

2. 幼儿发展情况。

◎发展优势的分析

---

① http://www.jqwyey.fxedu.cn/Research—info.asp?id=1505

(1) 有良好的运动能力和自我保护意识。

本班幼儿非常喜欢参加体育活动，基本动作发展较好，有良好的运动能力与自我保护意识。也喜欢挑战较高难度与刺激的运动项目，特别是男孩子，个别女孩也很勇敢，十分具有挑战精神。而且孩子的集体意识逐渐增长，只要有一个同伴在活动中有胆小的表现，其他孩子就会一起为他加油鼓劲，是一个十分团结向上的群体。

(2) 思维开阔，想象力和创造力丰富，愿意主动阐述自己的观点。

通过一个学期的观察与接触，我们发现平时调皮、好动的孩子，只要学习兴趣有了，他们的接受能力还是蛮强的。比如对于教师的发散性问题他们也能联系自己已有的经验，充分地拓展自己的思维，十分愿意发表自己的观点。学习接受能力强还体现在他们的动手能力较强，比如他们在创意吧中经常选择废旧材料箱里的东西进行自制（新年贺卡），在建构工地也常拿废旧材料（薯片罐、纸盒）进行搭建，这些都体现出了一定的水平。

(3) 产生了为集体服务的意识，愿意做值日生工作。

自从进入大班，我们就非常重视引导幼儿为集体做一些简单的事情，如值日生活动、小小气象员活动等，通过这些活动来培养幼儿的集体责任感是一条有效的途径。就值日生工作方面，我班幼儿兴趣浓，对捡角落玩具、擦桌子等稍辛苦的事也较积极。活动中幼儿对应完成的任务能够认真负责，有为集体服务的意识，逐步萌发出责任感。

◎发展弱项的分析

(1) 各方面习惯养成远远不够，自觉性不强。

从一个简单的排队开始，我们反反复复每天抓，每天在孩子耳边督促，要做到安静、整齐、迅速。口号他们都会喊，但只要一会儿时间就坚持不了了，出现屡次插队的现象，队伍走着走着就歪了，三三两两，落队的落队，说话的说话，很让人头疼。又如坐姿问题，也是大班以来重点抓的一个项目，我们用尽了各种办法，奖励、鼓励、督促，甚至适当的惩罚。虽然情况逐步好转，可只要教师不注意，老毛病依然会出现：抖脚的抖脚，脚叉开的叉开，跷二郎腿的跷二郎腿。可见孩子尚未养成这些基本的常规，这就势必影响孩子的学习效果。

（2）倾听习惯有待加强培养。

在上学期，我们发现班级中幼儿缺乏倾听习惯，便通过谈话、做游戏、讲故事和评选等活动，逐渐培养孩子的倾听习惯。寒假过后，孩子们的倾听习惯有所反复，所以我们要对这一习惯常抓不懈。《纲要》中提出：大班儿童的规则意识逐步形成，他们开始学习着控制自己的行为，遵守集体的一些共同规则。随着年龄的增长，这一习惯会有所改善，也为幼小衔接做准备。

（3）做事草率，责任意识不强。

在上学期的接触中，我们发现孩子们刚值日生工作的积极性是有的，但许多孩子轮值时经常会忘记自己的职责，不会及时记录气象、照顾自然角，总需要教师提醒。也有的孩子做事敷衍，不够认真，擦桌子的时候只擦自己小组的残渣物，其他小组的就不理会了。所以本学期我们将从各个方面加强培养幼儿的责任意识，为幼小衔接打好基础。

（4）个别幼儿发展情况分析。

我班有个别幼儿常规习惯较差，如宇轩、宇翔，无法约束自己的行为；个别幼儿存在自信心不够、喜欢上课插嘴的现象，如与浩，就是喜欢在课上说话。不管哪种情况，我们都需要个别约谈，与家长一起努力，相信情况会好转起来。

3. 家长工作情况优劣势分析。

我们通过家园之窗、班级网页、手机、QQ 群等形式，及时与家长沟通。并且在上学期实施个别家长约谈活动，针对部分幼儿存在的共同问题，与幼儿家长召开小型家长会，请家长走进教室，亲自了解观察自己的孩子，让家长之间互相商讨对策，取得了很好的效果。此外，我们利用幼儿来园离园的时间，如实地和家长交流对孩子教育方面的看法，对家长提出的教育孩子方面的疑问帮着查资料解答，让家长感到我们不只是孩子的老师，也是家长的朋友。有问题出现时第一时间与家长联络，让家长知道教师对问题很重视，对幼儿发展很在意，力争让每位家长都能及时了解孩子在园的情况，让家长满意放心。

当然我们也看到，大多数家长还没有真正转变观念，在幼儿园阶段更重要的是培养孩子的良好学习习惯而不是注重知识技能的学习。特别是在大班的第二学期，家长对于幼儿的学习有了更高的要求，因此要引导家长注重培养幼儿良好的学习习惯，做好入学前的准备，而不是一味地学习加减法等等。

（评析：对本班幼儿发展的优势和劣势做了详尽的分析，这也为下一步工作计划奠定了事实依据。班级工作目标、具体内容任务安排都需要建立在教师对幼儿的发展情况了然于心的基础上。）

二、学期目标

1. 巩固幼儿较好的生活卫生习惯，能在成人鼓励下愿意做力所能及的事情。

2. 培养幼儿良好的运动能力和意志品质，提高幼儿自我保护意识和能力。

3. 培养幼儿的同情心，愿意帮助有困难的人。

4. 鼓励幼儿探究周围环境，提高幼儿收集、交流各种信息的兴趣和能力。

5. 引导幼儿了解现实生活中数的实际意义及数量关系，有初步的时空概念，培养幼儿思维的敏捷性和灵活性。

6. 引导幼儿关注生活中常见的文字和符号，培养良好的倾听、阅读习惯以及对文字的兴趣。

7. 继续帮助家长树立正确的教育观念，选择适当的教养方式。

8. 结合本班家长的实际，找准切入点，提高家长对幼儿园工作的参与度，丰富活动内容与参与方式。

9. 促进幼儿园与家庭的双向交流，增进家长对幼儿园活动的了解，与家长共同做好幼小衔接工作。

10. 鼓励幼儿在进行值日生工作时积极主动承担管理自然角的工作，培养责任意识。

11. 培养幼儿自我约束、自我控制能力，学会安静耐心地倾听他人讲述，不插嘴、有礼貌，继续引导幼儿掌握正确的坐、站姿势。

12. 引导幼儿树立愿意上小学的意识，并且做好上小学前的准备工作，如养成自己整理铅笔盒、书包，早睡早起不迟到等习惯。

13. 引导幼儿在游戏中与同伴协商、合作，共同完成任务，培养幼儿的合作意识。

14. 指导家长学习正确的育儿知识，特别是幼小衔接方面，能够积极主动地配合教师工作。

（评析：班级学期目标在分析本班幼儿发展状况的基础上，围绕良好习惯的培养、学习兴趣的提升、知识技能的学习几个方面来制订，同时兼顾了家园合作、家长观念更新等方面的工作。）

附：各月保教工作重点提示

二、三月：

1. 制订各类计划（班级学期计划、家教计划等）。
2. 创设班级环境、提供游戏材料。
3. 开展"春夏秋冬"主题活动。
4. 开展元宵节、三八节、学雷锋、植树节等相关活动。
5. 开展家长志愿者活动。
6. 召开班级家长会。
7. 每周评选"最佳自然角管理员"。

四月：

1. 结合清明节扫墓开展相关活动。
2. 结合主题活动调整班级环境创设和游戏材料的提供。
3. 开展一次班级家委会踏青活动。
4. 开展一次家长助教活动。
5. 歌咏比赛。

五月：

1. 开展社会实践活动。

2. 开展"有趣的水"主题活动，并调整班级环境创设和游戏材料的提供。

3. 开展家长志愿者活动。

4. 开展第二次班级家委会活动。

5. 开展建构比赛。

六月：

1. 开展"我要上小学"主题活动，结合主题活动调整班级环境创设和游戏材料的提供。

2. 开展六一儿童节主题活动。

3. 举办大班毕业典礼汇演。

4. 组织幼儿参观小学。

5. 举办家教经验征文。

6. 做好学期结束各项总结工作。

【评析】

本文结构完整、流畅，层次清晰。内容上对本班幼儿发展情况作了细致的分析，学期目标也非常详尽全面。可行性是计划的本质，实施则是计划的目的，工作任务的安排紧扣学期目标，确保班级工作不会偏离方向。工作计划的署名和日期应当在全文右下角。

二、综合类总结文案的写作要点及示例

（一）写作要点

综合类总结是指幼儿园各部门或个人对某一时期的教育教学工作进行全面系统的回顾、检查、分析、研究与思考，通过分析把零散的、片段的认识，统整上升到条理性认识的文体。幼儿园园务工作总结、班务工作总结、个人工作总结等都属于综合类总结。综合类总结的结构以下几个部分：

第三章　计划、总结类文案的撰写

1. 前言

前言一般是基本情况概述，为后文进一步分析作一些必要的交代和铺垫。简要概述完成工作的基本情况，包括工作背景、工作开展的依据、工作的大致过程、基本做法以及对工作的总的评价等。

2. 主体

主体是总结的主要部分，要回答"怎样做"、"做得如何"等问题，一般包括过程和做法、成绩和经验、存在问题等几个方面。

（1）过程与做法：主要回顾工作中做了什么、解决了什么问题等。

（2）成绩和经验：对全部工作进行分析，肯定成绩、归纳经验、揭示规律，一般要用典型事例、统计数据等来说明。目的在于从成绩中分析出经验，提炼出具有规律性的东西，作为今后工作的借鉴。

（3）存在的问题：发现没有做好或没有完成的工作、尚未解决或没有解决好的问题，从中找出问题出现的原因，以明确今后工作的努力方向。

主体部分常见的写作结构形式有三种：

纵式结构：将工作过程按照时间阶段顺序写。

横式结构：将提炼出来的观点按照内部的逻辑关系来安排内容和层次。

复合式结构：既有纵式结构又有横式结构，可以将工作过程按照时间顺序分成几个阶段，每个阶段又将每个发展阶段总结出来的经验按照逻辑关系来写。

（二）示例与评析

【示例】

××路第三幼儿园 2010 年上半年园务工作总结[①]

2010 年恰逢世博会在上海举行，幼儿园又面临二年发展规划（2007 年 9 月—2010 年 8 月）进入终结性自评阶段，完成了上级部门对我们的督导工作，还承担了向市学前特教机构的展示活动。工作任务是繁重的，但是在全园上

[①] http://www.chneic.sh.cn/xxgk/manager/news/data/20101202_48764/20101202_48764_25.htm

下的共同努力下，每个教职员工的理解、支持与配合下，我园顺利完成了各项工作。在此过程中，大家心往一处想，劲往一处使，学校、教师、幼儿获得多项荣誉，体现了良好的团队协作氛围、集体荣誉感。

（评析：前言部分对本学期所做的主要工作情况、所取得的成绩进行了粗略的概括，起着一个导言总说的作用。）

一、园务管理

1. 依法治园目标明

本学期老园长正式退休，新园长正式上岗，好在班子成员和教师对学校的工作很支持，使得学校工作忙而不乱地有序进行。园长和班子始终学习在先，不断提高思想认识，把握好正确的办园方向，落实好各项措施。如规范教育收费，学习国家中长期教育发展规划，明确世博安全工作及食品卫生保障措施等，通过学习进一步提高认识，明确目标，提高执行度。

2. 民主管理促和谐

努力做到在管理工作中紧紧依靠工会落实各项民主制度，对"三重一大"制度重新修订，使得"三重一大"制度更细化更具可操作性。对《××路第三幼儿园医疗补助管理工作试行稿》中医药费补充细则的实施，通过学区调研，找出不足之处，再通过教代会进行调整，使得医疗补助费能真正地用于教工。坚持三公开原则，发挥工会组织、教代会作用，定期汇报园内各项工作，尊重教工的意见和建议，及时调整工作节奏，修正不足，减少失误，努力维护校园和谐，形成了我园教工团队积极向上的主流氛围。

3. 班子团结引领好

班子成员学习新时期学校领导者的素养构成，从品德、知识、能力、业绩等几个方面认识新时期领导者需具备的良好素质的重要性，结合各自的本职工作，深入理解管理工作的艺术性、作用、讲话与倾听等原则，学习批评与表扬等常用方法，给实际管理工作带来了新的理念与具体可行的好的方法。园领导班子在任何时候都要首先把握住社会发展的大局，发挥好带领作用。因此我们以"迎世博，保稳定，促发展"为主要工作，在迎世博的日子里，园班子首先加强对上海承办世博重要性的认识，根据相关精神做好各项具体工作。在统一班子认识的同时，组织教职工共同学习世博知识，参观世博展览会，参与网上世博知识竞赛，开展各项迎世博活动，让教职工从根本上认识到作为上海人对上海办世博的自豪与责任感以及应有的奉献，能以极大的热情投入到活动中。教师们从本职工作做起，从自身做起，以"城市，让生活更美好"作为迎世博的宗旨，做到为师文明行动在先，并能把文明的思想行为通过教育活动渗透到孩子心中，从细微处培养孩子的文明行为，以实际行动提升幼儿及家长的文明素质。如课程内容中的世博主题，网上向家长的宣传等等，使我园的迎世博活动深入人心。党员与积极分子带头开展校园环境整治工作，利用午休时间带领空班教师把校园门口绿化地带的杂草拔去，清扫校园门口垃圾，使得校园绿化整洁美观，维护了校园形象。

4. 重视幼儿园的安全工作

配合教育局积极开展"迎世博、保平安"消防专项整治行动。牢固树立"安全第一，预防为主"的思想，园长参加安全培训，全面加强幼儿园安全工作，与各岗位人员签订安全责任书，切实加强领导、落实责任、齐抓共管、各司其职、各负其责。制订了防台防汛预案，修订了防盗预案，根据安全工作精神制订了家长接送幼儿预案，与派出所、社区加强联系，共同值勤，把好入园、离园关，做好接送幼儿工作。严格门卫管理制度，对外来人员一律登记挂牌，把好入园关。

5. 教育信息化管理

制订了信息工作计划，修订了信息员的工作细则，每天及时上网收取通知，并通过信息平台发送给相应人员；对基础教育信息公开栏进行有效维护与更新，第一时间把学校的信息上传，做到信息及时、正确、公开；同时做好校园网及班级网的维护、长宁区残联网每月一次的信息发送等工作。

二、师资建设

1. 师德教育与校园文化融为一体

在"努力学习、勤奋工作、善于思考、勇于进取"的"虹三"精神的推动下，我园进行了以师德教育为主要内容的多种形式校园文化活动，使师德建设变得更为丰富多彩，倡导师德如春风细雨，润物无声；把师德师风渗透在日常工作的各个方面，以小见大，点点滴滴中体现；作为评价点，使师德行为成为常态化，进一步提升师德教育的文化内涵，"普特"融合活动有效开展。

2. 全面展开"十一五"园本研修

我园形成了较好的教研氛围，教师的问题意识和参与研讨的能力不断增强。园本教研和园本培训有机结合，为教师积极投身课程改革提供了有力的支持，并积累了相关的经验，教师完成"十一五"培训学分。教师积极参与长宁区教师素质测试活动，为长宁区新教师培训提供平台，开放特教集体活动与融合活动，园长专题发言交流，获得好评。

3. 为不同教师专业成长提供专业发展平台

我园有一名特教教师是上海市学前特教中心组成员，两名是长宁区特教创新团队成员；普教中，有两名是区项目组成员，两名区中心组成员，一名学区课题组成员，形成了一支骨干队伍，发挥了积极的引领作用。

4. 特教个训和融合活动

这方面活动已积累了初步的经验，并在随班就读指导中发挥了辐射作用，为特教的进一步发展奠定了良好基础。

三、保教工作

1. 课程建设

成立以园长为主要责任人的课程领导小组，对课程的引领、指导、反馈进行全程管理，各成员职责分明。园课改领导小组对课程园本化实施以及课程的整合性、新教材的实施、幼儿发展的均衡性等有了一定的认识，能科学合理安排幼儿园一日活动，能在时间空间上保证幼儿参与户外活动、体育活动、游戏和自由活动等各类活动。

在课程落实过程中，树立"以幼儿为主体"的理念，充分利用活动室和走廊等空间努力为幼儿创设适宜的教育环境，从集体活动、游戏活动、生活活动、运动活动等多方面入手实施课程内容，并将安全教育、社区和家长资源纳入课程结构之中，初步建立了相应的一系列观察和评价方法，并运用成长档案等形式记录幼儿发展的轨迹。

认真学习《上海市幼儿园保教质量评价指南》，对我园评价机制进行调整，对教师、幼儿评价多元化，评价的目的性更明确，更有效促进幼儿与教师的发展，推动我园提高保教质量。

2. 保教研究

二期课改的学习与培训、大组和各小组有针对性的研究的教研探索，使我园教师的教育观、儿童观有了很大的转变，教师设计集体活动的能力、目标与过程的匹配、指导行为的有效性，比之前有了较大的进步。教师教育教学手段也多样化了，尝试多媒体教学，以生动、形象的教学活动得到了幼儿喜欢，也取得了较好的教学效果。

大教研活动主要围绕"为幼儿创设所需的游戏环境"这一主题展开，大家各抒己见，在讨论的过程中充分诠释"为幼儿创设所需的探索活动环境，满足幼儿的需求"这一理念，让教师能从中明白怎样的活动环境才是幼儿"所需"，而孩子的需求才是我们所追求的教育目标。

激发教师参加教研活动的热情。通过大教研、一课三研等形式，在实践活动后再解读我们的课程指南。教师在解读中反思自己的教育行为，理解"以游戏为基本的活动，寓教育于各项活动之中"。我们实施"以游戏为基本活动"的幼儿园教育，让孩子在游戏中得到教育的价值，让孩子在教育中进行游戏。实践后对课程指南的解读，教师结合自己对教育游戏的认识，进一步明确了游戏与学习并列呈现的理由，这种实践与理论学习相结合的教研方式对教师来说是非常有效的一种教研方法。通过再学习、再思考，有助于教师转化理念，提高实践新教材的能力。具体反映在，教师在制订计划、确定教学内容、设计教学思路、组织活动、关注幼儿、师幼互动、创设物质与心理环境等方面，对整合各种教育元素的认识普遍有了不同程度的提高。

除了实践活动以外，我们还将在其他幼儿园观摩到的活动与教师进行分析讨论，取他人之长补自己之短。对一个优秀的活动案例进行切割分析时，往往就是教师将自己的教学经验融入在研讨中，共同进步的过程。两个不同风格的教师进行实践，所采用的手段不一样，教师执教的经验也不同，我们所获取的就是两位教师的不同经验，这也给我们教师带来了教育教学上自我价值取向的一个提升。

3. 幼儿发展

我园在"以幼儿发展为本"的理念引领下，普班以"创设适宜的环境促进幼儿的发展"为研究课题，融教育于游戏之中，使幼儿身心得到和谐发展。教师在教学过程中，能较好地关注每一个幼儿，鼓励他们用自己喜欢的方式表达想法，使幼儿具有一定的语言表达能力。在各类游戏活动中，为幼儿提供内容丰富、层次不一的活动材料，鼓励幼儿动手、动脑、动嘴，进一步激发幼儿大胆探索的精神和积极思维的良好品质，并重视幼儿能力与个性的发展。特教班结合"多元化的融合活动，促进自闭症儿童发展"课题研究，加强与普教的合作，为特殊儿童创设多元融合的环境，平等接纳、关爱帮助特殊儿童，通过干预使特殊儿童尽快融入社会，回归主流。

提高保教整体意识，开展个性化保育工作，加强日常保教质量督导，重视细节工作。特别是为了预防传染并开展十二步骤洗手，教师把它编成好听的儿歌，在日常生活中加强指导，提醒幼儿养成良好的习惯。保健老师进到各班，加强一日活动的指导，观察幼儿的操作，检查各班生活习惯培养情况以及生活环境创设的质量等，有效促进了教师重视做好保育细节，自觉把保育工作渗透到各个环节中，避免做表面文章，并能注重日常保育细节环境的创设，促进了幼儿良好习惯的养成。

四、卫生保健

1. 防病控病，掌握主动

确保师生健康是卫生保健工作的重点。幼儿是手足口病、甲流的高发人群，我们充分学习领会上级有关文件与精神，成立了由园长担任组长的疾病防控小组，修订了预防甲流、手足口的预案，职责分明，措施细化，落实到人,加强检查,调整工作。通过上下一致的努力,虽然出现一例手足口病病例,但是由于晨检仔细,及时发现就诊,班级隔离,加强消毒,做好家访工作,杜绝了传染病的蔓延,保障了幼儿的健康。

2. 加强宣传,健康生活

根据不同年龄段幼儿特点,通过游戏、故事、操作、参观、演习、保健老师上课等不同形式的一日活动,落实幼儿健康安全目标。园安全小组及保健老师,能按计划每学期对教工进行保健安全工作辅导并深入班级指导,园长与教研组长加强对后勤人员的培训等。

落实晨检和班级全日观察制度,并做到及时处理异常情况。无肠道传染病发生,无责任事故。能做到体弱儿、肥胖儿管理符合常规要求,能做到贫血、佝偻病、营养不良、生长迟缓矫治率100%,视力检查100%,并对视力不良幼儿建议进一步检查。

对教工、幼儿、家长开展形式多样的卫生宣传,如常见传染病手足口病、甲流的症状及预防;幼儿良好习惯培养,十二步洗手,午餐的习惯,咳嗽的正确方法等,让孩子养成良好的个人卫生习惯,预防传染病。每天引导幼儿入园洗手,做好预防疾病。

3. 加强培训,规范操作

对保育员进行培训,能做到预防性消毒工作符合常规要求,能严格做到药液配置方法正确,能落实传染病后严格消毒隔离制度,能做到食具及环境物品表面细菌检测符合消毒卫生标准。保健老师和保教主任对保育员进行有关保育方面的培训,如:保育员配班时应注意照顾幼儿生活细节,平时看到幼儿走廊衣帽没有挂好,及时整理并与老师沟通等。对新进人员进行一系列的培训和业务指导,使其能尽快适应工作;加强日常检查,发现有些保育工作不到位及时指出,改进工作。

4. 食品卫生,营养均衡

能严格遵守食品验收制度,无发生违规事件。能做到师生伙食严格分开管理,幼儿膳点费盈亏每月控制在2%以内。工作人员操作符合食品卫生管理要求，能做到生熟分开。幼儿食谱由教育局配菜中心负责，质量有保证，能做到烹调为幼儿考虑，色香味好。保健老师能定期进行营养摄入分析，及时平衡膳食标准。为特殊儿童家长提供咨询指导，如膳食的搭配、预防传染病的要点等，深受欢迎。

5. 个别矫治，健康发展

对个别儿童的矫治能制订个案，采取有效措施，注重过程落实，注重与家长的及时沟通，做好宣传教育工作，使家长积极配合开展各项工作，体弱儿矫治有成效，并能积累一些经验。

五、家庭社区

根据二期课改精神及家庭教育的需要，不断增强为家长服务的意识。通过社区家园之窗、幼儿园网页、幼儿成长录、家园互动园地，以及家委会、家长会、开放半日活动、各类亲子活动、电视卫生宣传、指导家长做好家园配合工作等，帮助家长了解我园的保教工作，同时积极配合共同开展活动。在家长的积极配合下我园参加了上海市"童眼看世博"活动，大二班董允文获二等奖，小青蛙故事比赛中大一班石小龙获上海市鼓励奖，还有多名幼儿参与"樱花杯"、"爱满天下杯"绘画比赛得奖。

家长参与家园网及家园联系本等不同的互动方式，满足了不同层次家长的需求，尤其是园及各班的家园网的制作质量逐步提高，使我园的家长工作进入了一个新的层面，受到家长的热情欢迎，参与度大大提高。

作为区域0—3岁幼儿指导分站，我们能利用本园资源为社区儿童开展各类亲子活动，本学期因安全因素及预防传染病我园未向社区开放，但负责0—3岁幼儿工作的老师到仙霞早教站进行指导，青年教师志愿者参与指导，有效地支持了仙霞社区早教工作的开展。

重视幼儿园网页工作，点击率快速上升，有效提高了社会宣传面。

六、后勤管理

制订后勤计划，认真按计划完成工作。与外聘人员签订劳动合同协议书，为他们购置一份人身保险，使他们的权益得到保障。

开展后勤人员岗位培训，明确责任，规范操作。每月召开一次后勤会议，对本月的后勤工作进行小结，并反馈本月检查工作中的不足，提醒下月引起注意。保教主任参与保育员培训工作，把二期课改的生活教育理念与保育员分享交流，使其能积极配合教师做好班级的保育工作，并提高服务意识。学校的各类大活动，后勤人员都积极配合，使得活动顺利开展，教师与后勤分工不分家，共同做好学校工作。

园长在依法办园过程中，不断了解本园经费使用情况，坚持严格遵守财务制度，认真执行国家规定的收费制度，绝对不乱收费。严格遵守政府采购制度，如数码相机、笔记本电脑等专业物品进行网上政府采购。同时做到合理使用经费，处理好改善办园条件和提高教工收入之间的关系，促进幼儿园的不断发展并照顾到教工的切身利益。

由于会计委派中心的改革，所有学校的原始凭证都上缴到会计结算中心，大大增加了学校出纳人员的工作量。出纳能每周及时上缴一次凭证，按时做好每周的结算工作，每月按时收取幼儿的伙食费、幼管费，并当月上缴幼管费。做好园内一切日常开销的收支登记工作，对原始收据严格察看（发票7要素：日期、数量、内容、单价、金额、签名、抬头缺一不可），对不符合规定的收据一律不予报销，收藏好支票和印章，对用过的支票及时销号，结算每天现金，不超过额度。

设立专职保管员，并经培训获得中级上岗证。认真落实保管制度，使我园保管工作逐步有序，资源节约有保证。调整财产保管制度，形成资源节约的良好风气。对学校财产定期清点、更换与保养，利用长假修理好设备设施，不影响幼儿来园正常秩序，保障正常的教学运行。每周班务工作的检查结果反馈给各班教师，不断改进班务工作质量。

每学期加强对空调和脱排机的检验、清洗和维护，保证每周的设施设备的检查，日常保教工作的检查，发现问题及时处理。校保安及晚间、节假日值班人员经过培训，严格门卫管理制度，对外来人员一律登记挂牌，把好入园关。园内设备设施的安全检查不放松，如晚值班人员发现110报警器在晚上报警，110报警中心派人来查看，发现是报警器脱落引起报警，次日上报给学校保卫干部，及时采取措施保修。

七、特教工作

打造一支爱意浓厚，具有良好特教能力的教师团队，满足特殊孩子的转化和融入社会的需要。在幼儿园文化建设与师德教育活动的推进下，为特殊教育营造爱的、平等的氛围。加强特殊教育理论的学习与培训，重实践探索，重案例分析，重经验的积累，着力培养特殊教育骨干队伍，承担起训练与融合以及随班就读等任务，本学期特教班组荣获长宁区先进集体称号。

课题引领，促进特教工作质量的不断提升。将"多元化的融合活动促进自闭症儿童的发展"课题继续深入，探索研究如何为特殊儿童提供有效的融合活动，通过环境创设、材料提供、教师指导、幼儿互助等，让特殊儿童获得多方面的发展。在市教委、长宁区创新团队的共同协作下，我园向上海市学前特教机构展示活动，园长《多元融合，共同发展》的主题发言得到了各区县教研员和老师的好评，融合活动也受肯定。

设计主题背景下的训练课程，聚焦训练实践，思考残障儿童个性、共性以及动作、趣味等方面的需要，开创了美工训练课程、主题训练课程等，提升了区角训练、个训及集体训练的整合度和有效性。普特联合教研及融合课题的推进，提高了普班教师在融合活动中的观察、分析、思考能力，继续探索有效的融合途径与训练材料的投放；探索自闭症儿童训练的有效方法，积累案例，提炼经验，提高自信，有效推进了融合活动质量的提升。

家园联动，提高训练的有效性。开展形式多样的家长活动，实现家园联动，促进残障儿童康复发展。每月一次的家长会，形式多样，有教师的专题讲座、家长交流、特教指导中心的幼儿入小学讲座，参观长宁辅读学校，了解学习的课程，参加自闭症儿童家长交流活动等等，让家长了解我们的训练内容，积极配合训练；转变家长的训练理念，从生活入手，培养孩子的生活自理能力；为家长提供交流的平台，大家在宽松的氛围中交流各自的训练经验；帮助家长转变育儿观念，掌握正确的训练方法，提高家庭训练的有效性，深受家长欢迎。

特教指导中心发挥好教育、服务、指导、辐射的功能。在长宁区教育局、长宁区特教指导中心、区残联的共同配合、协调下开展工作，也得到了幼儿园园长、教师、家长的大力支持。

根据随班就读学生的特殊需求，建立了个人成长档案。内容包括：医学鉴定、个别教学计划、典型作品、观察记录和案例、教师小结、相关的照片等。随班就读学生档案记录了孩子的成长足迹，不仅为以后的教育教学提供了基础，也积累了宝贵经验。

为随班就读的幼儿和家长服务，开展咨询与指导活动，特教指导员定期与随班就读家长电话沟通，了解情况、征求意见，在学校与家长之间架起一座沟通的桥梁。做好幼小衔接，为特殊儿童顺利进入高一层次的学校学习提供保障和支持，深得家长好评。

特教班在特教指导中心随班就读的联合教研中，积极传递信息交流经验，进行特教训练经验的辐射，为学前特教随班就读，提供了有力的支持与业务的指导，使随班就读工作取得了可喜的成绩。

八、取得的成绩（略）

（评析：这个部分是总结的主体部分，分为七个方面展开阐述，涵盖了园务管理、教学、教研、家长工作、特教、幼儿的生活保健以及后勤工作，涉及幼儿园工作的方方面面，能体现幼儿园园务工作的全貌。主要是对所开展的工作进行梳理，在行文排列上注意到了主次先后，在阐述所做工作时结合了在工作中所积累的经验。虽然都是幼儿园常规性的工作，但是常规中还是能看到新的变化。）

成绩代表过去，我们将继续努力，针对二年发展规划终结性自评及督导反馈，认真分析发展状况，理清思路，明确幼儿园的进一步发展方向，找准新的生长点，制订好新一轮的三年发展规划，促进幼儿园的可持续发展。

××路第三幼儿园

2010 年 7 月

（评析：总结的目的就是要在回顾工作中提高认识，从中积累经验发现规律，从而指导今后的工作实践。作者仅仅呈现了工作成绩，没有对工作中存在的问题进行归纳和总结，是本文的不足之处，也无法在此基础上提出有效的改进意见，在分析问题的针对性上尚欠缺。

总体来说，本文材料丰富，能够充分说明所实施的工作情况。条理清晰有重点，语言运用较规范，句式整齐。）

第三节　专题类计划、总结文案的撰写

一、专题类计划文案的写作要点及示例

（一）写作要点

专题类计划是针对某项活动专门制订的活动方案，如为教学活动准备的教案、家长开放日活动方案、六一儿童节活动方案等。

专题类计划以安排计划的完成步骤即活动的实施程序为主，因此要写清楚活动准备阶段和实施阶段是如何安排的。

1. 标题

标题由活动主题、单位名称、计划组成，如"'小鬼当家'大（一）班六一活动方案"。

2. 正文

正文由以下几个部分组成：目的、内容、时间、准备工作和具体安排。

目的：活动的主题思想和意义是什么，通过活动对幼儿的发展、幼儿园或班级建设起到何种作用、产生何种影响。

内容：阐述活动具体内容，由哪些部分组成。

准备工作：活动的开展需要的物质准备及人员、时间安排，尽可能考虑周到，准备充分。

活动程序：活动的开展程序安排，要注意衔接合理。

3. 结尾

结尾可以为整个计划做个说明。

（二）示例与评析

【示例】

创建和谐幼儿园亲子游园活动方案[①]

一、活动时间：9月30日

二、活动地点：大操场及各班教室

三、活动目标：

1. 通过活动感知祖国的多民族文化特色，激发幼儿的爱家乡、爱祖国情感。

2. 了解上海嘉定的风情、特色，激发幼儿了解家乡、爱家乡的情感。

四、活动过程：

（一）前场仪式

1. 升旗仪式。

2. 唱《国旗红红的哩》。

3. 园长致辞，幼儿代表发言。

4. 切蛋糕仪式。

（二）教室内活动

大三班主题活动：美丽的上海。

活动目标：

1. 通过活动激发幼儿的爱国情感，增进幼儿作为中国人的自豪感。

2. 了解上海浦西这几年日新月异的变化，知道上海的城隍庙以及城隍庙的特色小吃。

活动准备：

五香豆、大白兔奶糖、五香豆腐干、粽子糖、奶茶、咖啡、云片糕。

[①] http://www.age06.com/Age06Public/SPEAuditing/PostPreview.aspx?view&ContentId=467509

活动内容：

1. 刘翔资料的收集和版面布置。

2. 弯弯九曲桥：准备适量关于城隍庙的特色小吃，让小朋友体验到节日的城隍庙一派热闹的景象。

3. 亲子小游戏：两人三足跨栏（家长和孩子并排绑住相邻一条腿，然后共同完成跨过栏杆的小游戏，体验共同合作、齐心协力的快乐）。

【评析】

从结构上说，本文行文规范，方案层次清晰，从活动开展的时间、地点到活动目标和活动准备都表述得很清楚。但从内容层面来看，方案的标题是亲子游园活动，除了一个亲子小游戏外，无论是从活动目标和具体活动的设计上都没有体现出亲子互动的特点，更像一个以"热爱家乡"为主题的活动，因此计划内容与主题不符。

活动内容这一部分显得非常单薄，刘翔资料的收集和版面布置具体在活动中怎么使用，"弯弯九曲桥"的活动怎样让小朋友体验城隍庙的节日气氛，计划的切实可行性没有体现出来。另外，游园活动应该体现游戏性、娱乐性，作者在进行活动构思和设想时偏离了游园活动的形式。

在撰写专题类计划时，一定要注意主题与计划本身的契合，在活动的具体环节安排上忌空泛，周密详尽的安排是活动成功开展的首要基础。

二、专题类总结文案的写作要点及示例

(一) 写作要点

专题类总结是针对某一项具体工作或某一个具体活动或某一个问题进行专门有针对性的总结，其特点是问题聚焦、单纯、细致，不需要面面俱到。我们常说的经验总结就是专题类总结的一种。

专题类总结在选题上要具有典型性和代表性，突出地反映本项工作、活动的问题，在写作时通常糅合了工作中的措施、过程、成绩（经验）、问题，要对工作实施过程中的成绩和经验以及具有典型性、推广价值的想法，进行

第三章 计划、总结类文案的撰写

有针对性的回顾和提炼，目的性和倾向性都非常明确。正因为专题类总结文案的"专"，选题可以从小处入手，"以小见大"，选择太大的题目则很难深入细致地分析，不容易有特点和创新点。就结构层面与综合类总结相比，专题类总结要更加灵活多变。

（二）示例与评析

【示例】

2011学年度第一学期开放教育工作小结[①]

孩子在成长的过程中，家庭教育是其受教育过程的起点，因此与家长相互理解共同合作实施教育是我们幼儿园家长工作的重点。做好家长的沟通工作，以此获得家长对我们工作的支持和信任，有利于我们更好地开展各种形式的教育活动。本学期我园的家教指导工作在园领导的重视下，在家委会成员的协助下，在各班老师及家长的密切配合下，圆满地完成了各项工作，使家园共育真正成为促进幼儿全面发展的有效途径。

（评析：这一部分起了总说的作用，对本学期开放教育工作进行了粗略的概括，给读者一个总的印象。）

一、脚踏实地做好常规工作

1. 以教师自培为抓手，加强家教指导能力

为了不断提高各班班主任的家教指导水平，我园充分利用家教中心组成员的优势，加强班主任自培的学习，有家教指导理论的学习，热点问题的讨论，家教案例交流等。通过自培活动，使教师理清思路，履行职责，从而引导家长走出教育误区，树立正确的教育观念，掌握科学的育儿知识，共同用科学的方法启迪和开发幼儿的智力，使幼儿全面发展。我园新教师较多，给家教指导工作带来了一些不利因素，因此我们通过自培基地的学习，逐步带动新教师做好家教指导工作。

2. 以家长学校为平台，提高家长育儿水平

---

① http://www.jqwyey.fxedu.cn/Research-info.asp?id=1206

本学期我们利用家长学校这个平台开展了不同形式的活动。小班的祖辈沙龙以小品形式让祖辈家长意识到自己在教育孩子问题上存在的一些溺爱行为对孩子的不良影响，通过交流提高了祖辈家长的育儿水平并且能配合教师完成对孩子的教育。中班的妈妈沙龙活动从培养孩子良好的习惯话题出发，让家长认识到良好的习惯对孩子今后发展的意义，并且提高了这方面的意识。大班的爸爸沙龙活动通过一个爸爸与孩子心有灵犀的小测试，引起爸爸的思考：孩子的教育问题也有爸爸的一份责任。

不同形式的沙龙活动，受到了家长的欢迎和赞许。通过多样的形式和丰富的内容，使家长逐渐了解和明确幼儿教育的特点、要求，积极参与幼儿园的各项教育工作，从而使得幼儿园的家长学校工作得到了家长的大力支持和肯定。

3. 以家访工作为补充，关注个别幼儿发展

家访是幼儿园工作中不可缺少的一个组成部分，它可以使教师更深入地了解幼儿在家园不同生活环境中的表现。每年的暑期家访是我们学校的常规工作：小班教师对新生小朋友有一个全面细致的了解（如孩子的饮食习惯、喜好等），以便开学时有针对性地和孩子交流，让小班幼儿更快地适应幼儿园的生活；中、大班的教师对班级小朋友进行一个暑期的家访了解孩子在暑期的一些生活情况，以便更好地开展今后的教学工作。除了暑期的家访工作，我们还利用家长早晚接送孩子时进行随机家访指导以及电访，同时要求教师开学时根据实际情况进行走访，并做好详细的家访记录和分析。

4. 以家园活动为窗口，宣传科学育儿经验

《家园小报》是反映保教工作的一扇窗户，更是进行教育交流的一块园地。本学期各班教师结合各班实际，在《家园小报》的栏目设置上推陈出新，体现了各班教师的创新意识，各栏目版面图文并茂，形态各异，内容丰富，成为家长接受幼儿教育信息的主渠道。"亲亲宝宝"、"温馨一束"、"畅所欲言"、"家长中来"，这些新颖别致的栏目让家长产生亲切感、温馨感。

为了充分挖掘幼儿园的教育资源，做到资源共享，各班在家园之窗的栏

目中提供了家长育儿经验交流、科学育儿参考等内容，开阔了家长的视野，丰富了家长的幼教知识。家长经常驻足观看，使"家园联系栏"活了起来，产生了最佳的互动效应。

本学期我们的家长开放日也受到了家长的欢迎。我们通过幼儿的半日活动让家长了解幼儿在园运动、学习、游戏等几大块的内容，让家长懂得了怎样和教师主动配合，取得教育的一致性。另外，各班的亲子游戏也将知识、能力、情感等各方面的内容相结合，体现了浓浓的亲子之情，深受家长和孩子们的欢迎。从家长反馈表可以看出，家长对我们的教学都非常满意，从心里感谢教师的辛勤劳动，同时也促使其更好地进行家庭教育。

二、尝试突破开展有效工作

1. 个别约谈，有针对性地进行家园联系

本学期在晓丹老师介绍南阳幼儿园的家长工作之后，我们第一次尝试了个别约谈活动。个别约谈是对不同性格和能力的孩子的家长有计划有目的地进行约谈。每次个别约谈，主要是针对有特殊问题的幼儿进行，如性格内向的孩子，生活自理能力差的孩子，习惯差的孩子，语言表达能力差的孩子等。通过个别约谈，找出造成孩子性格特殊的原因，然后对症下药，同时也让家长更客观地了解孩子身上存在的问题并配合教师有针对性地进行教育，使孩子向着健康的方向发展。

2. 挖掘资源，让家长协助幼儿园开展各类活动

幼儿园的活动是需要家长支持和配合的。在开展户外混班运动碰到人手紧缺的问题时我们想到了让家长志愿者参与进行，协助教师关注孩子的安全问题和保育问题；在布置幼儿园大环境时，我们又想到了心灵手巧的家长们，让他们制作的蔬菜、水果娃娃为我们的环境布置添砖加瓦；在开辟种植区的时候，又是家长们帮忙除草、刨地，种植了各种各样的蔬菜、瓜果……获得家长对我们工作的支持、信任、协助，是我们工作的关键。

3. 0—3岁早教，重视社区婴幼儿的早教指导

随着社会的进步，0—3岁婴幼儿的教育正越来越受到社会各界人士的重

视。我们能深切地感受到婴幼儿早期教育是基础教育的基础，是牵系千家万户的头等大事。我们镇的0—3岁婴幼儿指导工作也得到了领导的高度重视，建立了以我们幼儿园为早教指导服务基地，其他4所幼儿园为早教服务中心的"1+4"服务模式。

本学期，我们还进行了早教开班活动，在逐步探索、调整中各项工作也日趋正常、规范。开学初，我们利用多方面力量进行宣传，对全镇0—3岁婴幼儿的情况进行了摸底调查，发放了早教入园宣传单，并制订了早教开班计划。12月的现场活动，为上海市优生优育指导基地的验收打下了良好基础，取得了验收的成功。通过活动，形成了幼儿园、社区、家庭教育三位一体的合力，潜移默化地形成了优生、优育、优教的素质教育大环境，不仅提高了广大家长对0—3岁婴幼儿教育的重视程度，也提高了我园幼儿的入园率。

（评析：这一部分是全文的主体，分两大块七个方面展开阐述。教师指导、家长学校、家访是家长工作的常规性内容，切忌年复一年地重复，要注意当年与往年有何不同。这篇总结在常规性工作中注意到了家长约谈、整合家长资源等工作中的一些新的变化、新的做法。变动性的内容是工作的创新之处，因此要浓墨重彩，以写出总结的新意。在阐述的顺序上，注意到了主次分明，突出重点。本文的特点在于经验与成绩的融合，具体行文时，边说成绩边介绍经验，以经验带成绩，由成绩出经验。）

三、寻找问题做好下阶段工作

1. 建立多方交流的平台

虽然我们努力做到多形式开展家园交流，但是还没有完全满足不同家长的需要，下学期我们要利用每个班级的班级网页、家长论坛、家长互动平台等一些多媒体的交流方式，让一些工作比较忙的家长也能及时了解幼儿园的各类活动。

2. 家委会活动的常态化和制度化

家委会是幼儿园家教指导工作的有力保证，为了更好地发挥家委会的桥梁作用，下学期我们将有目的地把我们的家委会成员进行分组，参与到我们的教学、后勤、管理等不同工作中去,并保证每月开展一次家委会活动,做到常态化和制度化。

《纲要》指出:"家庭是幼儿园重要的合作伙伴。应本着尊重、平等、合作的原则,争取家长的理解、支持和主动参与,并积极支持、帮助家长提高教育能力。"

我园的家教指导工作还存在许多不足,我们将继续努力,不断创新,克服家教指导工作的薄弱之处,将家教指导工作做得更好。

(评析:从已做工作情况中发现问题,分析准确且具有针对性,提出的解决对策具有适切性和可行性。)

【思考与训练】

1. 综合类计划与专题性计划的撰写有哪些不同之处?
2. 请试着撰写一篇专题性总结文案,注意突出专题性总结文案的特点。

第四章　教学类文案的撰写

【内容提要】

　　本章围绕教学类文案中活动教案及教学反思的撰写展开。活动教案的撰写不但要关注教师"如何教"的问题，还要关注幼儿"如何学"的问题。教学反思是指教师对自己设计和实施的教学活动作一完整全面的思考、评价及总结，不仅指活动之后的反思，实际上反思贯穿在整个教学活动的过程当中。

第一节　教学类文案概述

一、教学类文案的类型

教学类文案就是针对教学活动的有效开展而撰写的文案。教学类文案可以说贯穿在教师的教育教学全过程当中：在活动开展之前设计活动教案、讲稿，在活动开展之中进行活动方案的修改，而教学反思则可能贯穿于整个活动过程的每一个环节，即可进行活动前反思、活动中反思以及活动后反思。大致来说，教学类文案按照内容可分为活动教案、活动观察记录、教学反思等等。

二、教学类文案的特点

与其他非教学类文案相比，教学类文案的独特之处在于：

1. 偏重第二写作客体

第一写作客体是来自社会生活的自然形态，第二写作客体则是来自社会生活的意化形态，如书籍、报刊、学生作业等。[1] 新闻类或文学类文体的写作信息来源于第一写作客体即社会生活的自然形态，而教学类文案的写作则更偏重于第二写作客体，如活动教案的编写首先来自于某些教学参考用书，根据参考用书中的活动，结合本班幼儿的能力及学习特点，再进行有针对性的修改，是对社会生活的自然形态进行二次重组，而不是直接来源于社会生活。虽然第二写作客体是人的精神产物，但自它产生之时起，就有了独特的生命。它们会产生以前不能预见到的结果，会产生新的问题，即自主性，其内部同时产生不以人的意志为转移的关系、原则和规律，写作主体对此只能努力去发现和掌握它，而不能随意地发明或创造它。[2] 因此，幼儿教师在撰写教学类

---

[1][2] 李兴阳. 师范写作实用文体类型及特征 [J]. 湖北大学成人教育学院学报，2001（4）.

文案的时候，要把握好第二写作客体的基本特征和结构关系。

2. 其主要受体是教师和幼儿

教学类文案的运用范围是教育系统，因此，在撰写此类文案时，要注意把握明确的范围和对象。例如，活动文案的接受者主要是教师，但同时幼儿也是受体之一，因此撰写活动文案考虑活动目标时，要面向幼儿而不是服务于教师，应兼顾教与学，融可教性与可接受性于一体。

第二节 活动教案的撰写

教案是教师为顺利有效地开展教学活动，对教学内容、教学步骤、教学方法等进行具体的安排和设计的一种实用性准备文案。① 传统意义上的教案也称课时计划，是教师经过备课，以课时为单位设计的具体教学方案。教案是教师上课的重要依据，通常包括：班级、学科、课题、上课时间、课的类型、教学方法、教学目的、教学内容、课的进程和时间分配等。②

在传统观念里教案主要是活动前设计，活动中使用，而活动后则很少过问了。事实上，活动教案的撰写呈现的是活动从设计到实施以及评价的整个动态过程，教师对活动内容的选取到教学方法的灵活运用，都必须从幼儿需要出发，以促进幼儿"怎样有效地学"为主要思考坐标。

一、活动教案的类型

教案虽然有多种呈现方式，但多是通过语言文字来表达的。教案有详略之分，可以分为详案和简案。

（一）详案

详案需要把教师上课说的每一句话，以及做的每一件事（如什么时候出示什么教具、提问的方式、有哪些游戏活动等），按照教学活动的进程一一呈

---

①② 程路. 教师需要什么样的教案——由中、美的两篇教案所想到的 [J]. 中学生物学，2010（4）.

现。此类活动教案的优点是比较详尽，考虑比较周全，便于把握活动进程，缺点是预设过多则缺乏随机性，幼儿"学什么"、"怎么学"这些问题都会随着活动过程动态发展，并非在活动前可以完全预设，因此这里的教案撰写并不要求从教师的角度提前预设好"死"的活动框架，而应当呈现相对开放的一个模式。

（二）简案

这种教案相当于活动提示，只呈现活动的基本内容，活动的基本步骤，活动的重点和难点。其篇幅短小，实施起来需要较强的活动驾驭能力和概括能力。此种教案适合有丰富教学经验和一定教学水平的教师编写。

二、活动教案的写作要点及示例

（一）写作要点

活动教案体现了教师在进行具体的教育活动之前所具备的计划与准备能力，其形式多种多样，可以分为文字式、表格式和程序式，其中文字式和表格式可以混合使用。任何教案都离不开"教学目标"、"教学方法"、"教学过程"这几点，但是具体的教案内容并不是一成不变的。通常教案需要呈现以下几个方面：

1. 活动信息

这一部分包括：活动名称，教学活动所属的课程领域（如语言、数学等），参加活动的孩子的人数及年龄，活动的时间、地点，活动所需要的时间等。

2. 活动原理及意图

即阐述开展这一活动的充分理由，活动目的是否建立在了解本班幼儿现状的基础上，活动来源于观察到的哪些现象，促使教师觉得有必要开展此项活动。

3. 活动目标

目标包括教师希望通过活动培养孩子获得怎样的概念、意识、态度、技能技巧等。在确定目标时虽然基本是从这几个方面来考虑，但也不是说每个活动设计都需要这些目标，有时候也可以结合起来，而且可以根据每个活动的侧重点来安排目标，这些目标维度都是相互贯通的。

在具体行为目标的表述上，不能笼统或概念化，要客观描述孩子在活动中可观察到的、可估量的、可操作的具体行为表现。比如："通过本活动，小朋友要能在众多类似的图片中挑出正确的一张图片。"这"挑出"一词便是一个可观察、可评估的孩子的具体行为。

整个活动的重点和难点也可在这部分阐述，确定重点，是为了防止教学中主次不分；难点是幼儿在活动中可能遇到的主要障碍和困难，有时重点和难点是相互融合的。

4. 活动准备

活动准备包括物质准备和知识准备。物质准备指的是教具和教学媒介，教具的设计和准备要考虑幼儿的年龄特点，更要考虑活动的需要。另外有些活动需要外在环境的配合，比如去社区开展活动，需要教师事先和社区取得联系。

知识准备是指幼儿对活动内容所涉及的知识的了解，如要让孩子设计一座"老房子"，就需要事先让孩子观察老房子的特点是什么，外形和构造如何，是用何种材料建造的等，有了知识准备之后，幼儿才能完成自己心目中老房子的设计。

另外要考虑有特殊需求的孩子，同时还要考虑安全及防范措施，不仅要考虑采用哪些方法防止意外的发生，还要考虑如何排除安全隐患，保障活动的安全。

5. 活动过程

详细写出活动的整个过程，包括开始、发展、结束的具体步骤及方法。

（1）活动导入：这一部分的目的在于激起幼儿的活动兴趣，是幼儿已有经验与新的经验过渡的桥梁，应尽量做到简短、自然。

（2）新授活动：要根据幼儿的年龄特点和认知发展规律进行安排，是一个从具体到抽象、从简单到复杂、由浅入深、由表及里的循序渐进的过程。

教学方法的设计与运用穿插在这一部分，要体现幼儿的认知发展方式。基于皮亚杰的发生认识论，幼儿认知方式可以概括为：

①实物体验方式，通过与实物的直接交流而获得最初的整体感性认识。以打电话为例，孩子通过拨号、听电话铃声，或观察别人打电话等活动，感知电话。

②实物索引方式，从对物体部分属性的感知中推知出它的整体。比如，通过电话铃声推断出电话这一整体实物。

③实物象征方式。用图画来代表实物，或用某一实物来象征另一实物。比如，用电话机的图片或照片取代真实的电话机。

④文字符号方式。如写出"电话"或说出"电话"二字来代表具体的实物。

教师要根据自己所设计活动的特点，标明四个方式中的一种或多种。如，教师若是用一只真兔子来展开认识动物活动的话，就可写明这是"实物体验方式"；若用小兔的图片，则可注明是"实物象征"方式。

在设计的过程中还有教师的许多隐性因素渗透其中，教师的心中一定要明白某个环节要安排在哪里，要如何安排，为什么要这样安排，只有做到设计时的心中有数，才能做到上课时的运用自如，并在实施中做相应调整。

（3）活动小结及延伸

小结没有固定模式，一般有总结性结束、自然结束以及活动延伸性结束，根据活动需要而定。

6. 活动评估的方法

根据活动的目标，在活动实施后，要通过哪些方式来检验目标达成状况？在这里，教师要写出评价和检验活动成效的具体方式，如课堂观察法、家长调查法、谈话法等。

另外，活动教案需要根据具体的活动，考虑活动的重点和难点以及适切的教学方法。

（二）示例与评析

【示例】

爱的密码（大班）[①]

设计意图：

"妈妈，洗脚！"一个孩子端着水盆，跌跌跄跄地向妈妈走来。大家都看过这样一则公益广告。在内心感到温暖的同时，更多人的心灵会受到极大的震撼并发出共鸣：幼儿阶段就应实施爱心教育。

综观教育现状，现在的独生子女在智能、体能发展方面比较占优势，但在情感发展方面却是弱势。他们大多以自我为中心，习惯于被动接受家长对他们的关爱，而不知道如何去关爱他人，所以幼儿一旦进入集体生活，在建立良好的人际关系方面就容易遇到较大的困难，缺少"关心他人"的责任感。《幼儿园工作规程》对萌发幼儿健康情感，促进幼儿身心和谐发展提出了明确的要求。新《纲要》对发展幼儿情感、态度、能力、知识、技能的排序，也充分体现了幼儿教育鲜明的价值取向。所以培养幼儿终身受益的情感，已成为全社会都关注的重要课题。

在一次谈话中，我们了解到幼儿对"密码"非常感兴趣。对幼儿来说这是一个充满神秘感和兴趣的话题。考虑到幼儿的思维具有生动、形象的特点，肢体动作和语言的巧妙结合能帮助他们学会用多种方式接受信息，而不单单局限于教师的教和幼儿的模仿，所以我们就以"密码"为主线贯穿整个活动，让幼儿在轻松、愉快的游戏氛围中增强对周围人爱的情感体验。

（评析：活动设计来源于教师对教育现状的观察。独生子女在情感的接收和付出方面趋于不平衡，获得多，付出少，甚至不知道该怎样对他人表达关爱，因此需要对幼儿进行情感教育。采用"密码"这一形式则与幼儿的形象思维有关，利于幼儿将抽象的情感主题与现实相联系。）

活动目标：

[①] 虞莉莉. 幼儿园优秀教学活动设计100例［M］杭州：浙江教育出版社，2010：139—141.

1. 能运用肢体语言对同伴传递密码，学会大胆表达自己的想法和感受。

2. 在轻松、愉快的氛围中增进幼儿同伴间的感情，激发幼儿爱的情感。

活动准备：

1. 图形卡组成的密码板一块及黑板。

2. 音乐《让世界充满爱》。

（评析：活动目标基于幼儿的认知发展水平和学习特点，幼儿通过肢体语言向同伴传递情感讯息，这是除去言语表达方式之外的另外一种有效表达方式。教师并没有让幼儿单纯地进行模仿，而是让幼儿通过自己的想象转变成肢体语言进行表达。

活动准备属于物质准备范畴，为活动的开展奠定了基础。）

活动过程：

一、做手势，激发幼儿兴趣

教师用"保持安静"的手势暗示引起幼儿注意。

教师：这个动作是什么意思？（保持安静）对！老师用一种特殊的方式向你们表达了自己的心里话，这就是老师向你们发出的特殊密码。

二、师幼互动游戏，理解密码意思

教师用肢体动作表示跑步、睡觉等，幼儿仔细观察后大胆猜测。

三、幼儿初步尝试，大胆设计密码

教师引导幼儿用肢体动作大胆设计各种密码，如洗脸、跳舞、打球等。

（评析：将各种直观的动作想象成各种各样的密码，与幼儿的生活相联系，游戏的活动方式能引起幼儿参与的兴趣。）

四、根据图片、文字破解各种密码

1. 教师：现在老师的密码要增加难度了！你们看，在这些图形背后都藏着一个密码，你们把这些密码都解出来的时候，就会发现一个秘密哦！你们想先解开哪个密码呢？

2. 教师出示密码板，引导幼儿根据图形所提供的特征来逐步破解密码。

幼儿自由选择想破解的图形密码，回答正确后，教师可揭示图片背面的密码，并进行提问引导。

——出示拐杖密码图片。教师：这个密码上出现了什么？请你设计一个表示拐杖的密码。（引导幼儿用肢体动作表示）在生活中，谁会需要拐杖？你想把这根拐杖送给谁？

——出示电话密码图片。教师：请你根据图片提示来设计一个密码。你想给谁打电话，对他们问候些什么？

——出示笑脸密码图片。教师：什么时候你会笑？什么时候别人会对你笑？（开心，得到帮助的时候）接收或送出微笑让你有什么感受？请你们对身边的朋友笑一笑。

——出示两个小朋友的密码图片。教师：这是表示什么意思的密码？（好朋友）你们还可以用什么方式来表示"好朋友"呢？请你和自己的好朋友一起来设计这个密码。

——出示"帮助"字样密码图片。教师：这个密码表示什么意思？（帮助）生活中谁需要帮助？（残疾人和遇到困难的人等）我们可以怎样去帮助别人？（幼儿分组讨论合作表演）

（评析：活动遵循了由浅入深、循序渐进的原则，密码的图案由具体到抽象不断演进。活动采用了实物象征和文字符号的方式，帮助幼儿理解"爱的密码"的内涵。）

五、升华活动主题，设计爱的密码

1. 当所有的密码依次被破解后，教师出示"爱心"图片。

教师：刚才的密码都被你们解开了，你们发现了什么？"爱心"里到底藏着什么秘密呢？

教师打开"爱心"中的窗户出现文字"爱"：这就是"爱心"密码，小朋友想不想设计一下自己的爱心密码呢？

2. 教师：其实，我们今天讲的都是关于"爱"的话题，就是因为生活中有了这颗爱心，我们大家才走到了一起，相亲相爱，团结互助。所以，我们爱自己的爸爸妈妈，爱老师，爱小朋友，爱身边的每一个人……现在，让我们来设计一个爱的密码送给身边的朋友,向他们大胆地表达爱吧!

3. 幼儿大胆设计表示"爱心"的密码。

六、互送爱的密码,分享爱的喜悦

1. 教师播放音乐《让世界充满爱》,营造浓厚的情感氛围。

2. 幼儿用肢体动作表现"爱心"密码,并向同伴和教师互相送出"爱心"密码。在祥和、温馨的氛围中,使活动达到高潮。

幼儿以相互握手、拥抱、做"爱心"手语等方式来表示"爱心"密码。

(评析:活动紧扣"爱"的主线,以游戏活动贯穿始终,符合幼儿的学习特点。幼儿动手设计"爱心"密码,并把爱的密码送给身边的同伴,用多元的方式传递自己的情感讯息,学会大胆地表达自己的情感。)

七、活动延伸

幼儿良好情感的培养是一个长期和连续的过程,仅靠一个活动是不能得到全面落实和充分激发的。因此"爱的密码"可以结合相关情感的班级主题活动来开展,教师还可以设计关于"给生病的同伴送一句甜甜的话""爷爷奶奶的节日"等延伸活动。这样会更有利于幼儿在实践活动中感受爱的情感,使幼儿的社会性得到良好发展。

(评析:活动延伸考虑到了教育的长期性,情感培养应该渗透在日常生活的点滴之中。此活动教案属于详案,结构完整流畅,紧扣主题。但不足之处在于教师对幼儿的回应做了过多的预设,如"什么时候你会笑?什么时候别人会对你笑?(开心,得到帮助的时候)",这里不需要对幼儿的"可能"答案进行猜测,应当给予幼儿更多的空间去思考自己想要的答案。)

第三节 教学反思的撰写

教学活动结束后,教师要对自己设计和实施的活动作一完整全面的思考、评价及总结,即教学反思,它是教师教育教学活动的重要组成部分,是教师对自己教育教学工作的抽身反省与自我观察,贯穿于教育教学活动的始终。

第四章 教学类文案的撰写

一、教学反思的涵义

何谓反思？我国古代儒家从人格修养的角度，倡导吾日三省吾身。洛克将反思看做心灵通过对自己的活动及活动方式的关注和反省产生内部经验与知识的途径，是获得观念的心灵的反观自照。黑格尔认为反思是一种反复思考的过程，一种思想的自我运动，一种把握事物内在本质的方式。杜威则把反思界定为对于任何信念或假设性知识形式，根据支持它的基础和它趋于达到的进一步结论而进行的积极主动的、坚持不懈的和仔细的思考。[①] 反思的本质在于反思是一种自省、思考、探究和评价，是指行为主体立足于自我以外批判性地考察自己言行的过程，[②] 是一个没有标准答案的探究过程。

具体地说，教学反思指教师为了实现有效的教育教学，在反思倾向的支持下，对已经发生或正在发生的教育教学活动以及这些活动背后的理论、假设，进行积极、持续、周密、深入、自我调节性的思考，而且在思考过程中，能够发现及清晰表征所遇到的教育、教学问题，并积极寻求多种方法来解决问题的过程。[③] 教学反思的内容是教师在教育教学实践中的运用，包括对活动内容、教学方法、幼儿行为表现的反思，也包含教师对自身行为、教学特点等方面的反思。在此基础之上，还要进一步提出对活动的调整、修正或改变的方案。

教学反思一方面是对个别现象、事件、行为的加工整理，另一方面是对教师本人思想行为的观察分析，既涉及"它"的问题，又涉及"我"的问题。从"它"的角度来看，教学现象、事件的真实状态与深远意蕴是隐含在各种教学活动之内的，它无法自我呈现与自我表白，只有通过理性思考，对感性材料进行加工，在思想中重新认识和整理，才能浮出水面。这个加工、整理、认识的过程就是教学反思。

[①②] 王录梅，冷泽冰. 教学反思的概念、价值及其途径［J］. 辽宁师范大学学报（社会科学版），2007（1）.

[③] 申继亮. 论教师的教学反思［J］. 华东师范大学学报（教育科学版），2004（9）.

二、教学反思的特征

教学反思具有实践性、主体性和创新性。实践性是指教师职业成长是通过教学反思在教学实践中完成的;主体性是指教学方式、教学理念等是通过教师主体认知加工而实现的,既有主体的认知因素的参与,也有非认知因素的参与;创新性则是指教师通过不断地怀疑自己、否定自己并进而超越自己。[①] 教学反思是思考与行动、探究与评价紧密结合并贯穿于教学活动始终的一种教学行为,其特征主要表现在:[②]

第一,教学反思以解决教学问题为立足点。教学反思除了简单地回顾教学情况,还要求教师不断地发现教学中存在的问题,通过问题的解决,进一步提高教学质量。

第二,教学反思是以促进师生共同进步为目标。教学反思在本质上是追求"学生学会学习"和"教师学会教学"。

第三,教学反思以追求教学实践的合理性为动力。

第四,教学反思是一个不断发展的、连续的系统工程。

总之,教学反思是一个能动的、审慎的认知加工过程,也是一个与情感和认知密切相关并相互作用的过程,是一种教学经验的再造(reconstruction)和重组(reorganization)的过程。在此过程中,不仅要有智力加工,而且需要有情感、态度等动力系统的支持。[②]

三、教学反思的写作要点及示例

(一) 写作要点

那么,教学反思到底反思些什么呢?总的来说,与幼儿园教育教学相关的所有内容都可以作为教学反思的内容,根据不同的指向,教学反思可以指向教学活动、幼儿发展、教师发展、教育教学的影响因素以及教育教学中的

[①] 王映学、赵兴奎. 教学反思:概念、意义及其途径 [J]. 教育理论与实践,2006 (2).
[②③] 安富海. 教学反思:内涵、影响因素与问题 [J]. 河北师范大学学报,2010 (10).

人际关系。一份教学反思可能同时涵盖不同的指向,这些具体指向不能相互割裂:

1. 指向教学活动:对教学活动本身进行分析、评价,从教育教学知识内容、教育教学活动组织与开展过程、教学方法、教学材料、教学媒体等方面进行思考,反思其利弊,评价自己教学的有效性,同时对教学内容的重点、难点进行分析,追溯影响教学活动的因素,包括教学方法、策略的运用以及对教学环境的综合把握。

2. 指向幼儿发展:关注幼儿能力发展的一些相关情况,包括幼儿各种能力的发展、学习兴趣与学习方法的培养以及心理发展。

3. 指向教师发展:分析、评价教师自身发展与素质提高的一些相关因素。

关注教师专业知能的发展,包括对教育教学观念、专业知识、教育教学技能、师德方面的反思等。教师要运用新的教育理论来反思和检验自己已有观念的合理性和局限性,要敢于对原有的教学理念进行质疑,挖掘隐藏在教学行为背后的理念方面的种种问题,同时也以自己已有的教育理论来反思检验新的教育理论的真理性和合理性,在分析、权衡各种对立或非对立的主张的基础上,选择正确的观念来指导自己的教育教学行为。①

关注教师的人格魅力与自我形象,以及职业道德方面。

4. 指向教育教学的影响因素:对教育教学可能涉及的幼儿园周围的文化环境、幼儿的家庭背景、课程的适切性、课程资源的运用以及意识形态方面的影响进行反思。教师应该以辩证的眼光看待教学过程中的得与失,通过"由教反思到学、由学反思到教、由成功反思到失误、由失误反思到发展、由现象反思到本质"的多次循环,②使得自己的教育教学实践朝向更合理、更优化的方向推进。

5. 指向人际关系:不仅包括在教育教学活动中教师与幼儿的关系、教师

---

①② 李彦福. 备课、说课、观课、仪课与教学反思[M]. 南宁:广西人民出版社,2007:191.

与幼儿家长的共生关系，还包括教师同侪关系对教育教学产生的影响。

教学反思呈现的形式可以是文本式或表格式。表格式教学反思是以表格的形式注明教学内容、活动亮点、发现的问题以及对问题的分析。

（二）示例与评析

【示例】

幼儿园主题性区域活动实践反思[①]

《纲要》中提出"游戏是幼儿园的基本活动"，而区域活动正是游戏化的小组教学活动；主题活动课程则是根据幼儿发展所需制定的幼儿园课程。如何更好地发挥区域活动的优势，在开展的主题教育活动中丰富区域活动内容、挖掘其潜在的教育功能，以完善主题活动课程，一直是我们思考的课题。通过实践和思考，我们中一班在主题性区域活动实施的过程中收获了以下经验：

一、设计为幼儿区域活动的开展奠定基础

在设计时，我们根据预设的主题活动，不但考虑到主题活动中哪些内容适合运用于自主性较强的区域游戏，而且体现了多层次的活动设计，使不同层次的幼儿都能找到自己感兴趣的、符合自己水平的学具和内容，按照自己的思维方式、爱好去从事自己的学习活动。而教师则根据幼儿的实际需要，提供帮助和指导，满足不同幼儿的需要，从而使每个幼儿都能在自己的原有水平上获得发展，并提高幼儿对主题的认识和关注程度。如在开展主题活动"收获的季节"的过程中，我们在美工区里投放了橡皮泥，让幼儿用橡皮泥做胡萝卜，幼儿经过捏、插等环节制作成一个胡萝卜，实现了幼儿在前期主题活动过程中未达成的目标，又满足了幼儿的兴趣和需要。做好的幼儿不想走，没有进来的幼儿都是争着要来。

（评析：这一部分是对活动设计的反思，从主题活动与区域活动的适切度、孩子的兴趣以及发展水平、材料的投放等几个方面来分析自己的活动设计，但是仍然游离于表面、浅层次的、泛泛的思考。）

[①] http://www.yejs.com.cn/jswa/article/id/41900.htm.

二、材料使幼儿主动获得发展

首先，我们根据活动的逐步深入，层层递进提供材料。当幼儿反复操作一种材料而缺少变化时，很容易失去兴趣，此时教师就应根据区域设置的教育目标，并针对游戏情节的发展对材料做适当增加或调整，以重新唤起幼儿的挑战欲望。

如：在益智区里我们提供了正方形、三角形、圆形的几何磁铁，一开始，让幼儿巩固对几何图形的认识。在幼儿熟悉的基础上，我们为幼儿提供了不同的"图形对应卡"并且把颜色和图形结合起来，如"△□○△□○""△△□○○△△□○○"等。在幼儿能根据操作卡的提示选择不同几何图形的基础上，我们根据中班幼儿的年龄特点，给几何图形卡涂上了不同的颜色，引导幼儿根据颜色和形状两种特征开展游戏。如："△□○△□○""△△□○○△△□○○""△△□□○○△△□□○○"等。又如在主题活动"收获的季节"中，为了让幼儿掌握"按物体的某一特征进行分类"，我们第一阶段为幼儿提供了不同的蔬菜和水果的图片，让他们通过图片巩固对蔬菜和水果的感性认识；第二阶段进行分类，把蔬菜的图片放在蔬菜筐里，水果图片放在水果筐里。这样通过材料的逐步递增，自主的操作体验，进一步激发幼儿的求知欲和探索欲，进而发现问题、解决问题。

其次，我们根据幼儿个体差异提供层次性材料。如在"收获的季节"主题区域活动中，我们在生活区投放了围巾、小床、蔬菜等活动材料，满足不同能力幼儿的需要，通过系、铺、切等操作活动，不断提升动手难度。在游戏中，孩子们不仅了解到秋天的天气变化，还提高了生活自理能力，活动深受孩子们喜爱。又如在表演区中，我们开设了一个"我的小舞台"区域活动，提供的材料有主题活动中的图片、录音磁带等，能力弱的幼儿只要求会参与到活动中；能力一般的幼儿要能简单地复述故事的情节或者歌曲；能力强的幼儿则会按照自己的想象进行创造性的表演。孩子们可以根据自己的能力和需要选择活动方式，为他们达到自己的最近发展区创造条件，使每个孩子体会到成功的乐趣。

在我们中一班的区域活动开展过程中,幼儿的确在游戏规则的遵守、玩具的动手操作等方面都有了一定的进步。但是,也存在着一些不尽如人意的地方。

首先,有些幼儿不能保持在安静的环境中进行区域活动;幼儿游戏的持久性还不够,如在游戏中碰到了困难就会出现退缩的现象等,这些都有待教师在以后的区域活动开展中继续引导和鼓励。

其次,在材料的丰富性上还做得不够好。在阅读区里我们可以为幼儿录好关于秋天的蔬菜和水果的名称、外形、营养等视频材料,让幼儿将对图片的视觉感受和录音的听觉感受结合起来,在这个过程中渐渐产生阅读的兴趣。

(评析:活动资源是教师在开展活动时需要充分考虑的因素。这一部分,教师对区域活动的材料投放进行了探讨,根据活动的深入、幼儿的发展水平及个体差异,使用层层递进的方式投放材料,使得活动的教育目标具有了生成性,从而让主题活动有了动态发展。

教师对材料投放形式进行了反思,幼儿对主题活动游戏持久性不够,是否与材料没有结合视听感受来投放有关?多维的感觉刺激能更加激发幼儿的兴趣。幼儿通过活动提高了自我服务能力以及创造性表演能力,这是活动中幼儿获得的发展,但是教师又发现幼儿出现了对游戏的持久性不够、退缩等表现,为后续的活动提出了新的课题。)

再次,教师的指导能力还有待加强。我们有时候过于焦急,希望幼儿达成游戏的目标,当他没有达成时就急于把答案告诉他,而把他动脑的机会给剥夺了。其实在活动中我们应该更耐心地引导幼儿自己寻找答案,幼儿不会时,教给相应技能;幼儿会时,教师及时退出。活动后,引导幼儿参与讨论,阐述自己的发现,对大部分幼儿没有参与的活动结果,不做肯定或否定的评价,留给幼儿探索的空间,待全体幼儿参加活动后共同讨论,得出结果。

以上,只是我个人对开展主题性区域活动的一点粗浅反思,还不够深入,需要在今后的工作中进一步学习和探讨。

(评析:这一部分反思主要指向的是教师发展。教师在活动指导时没有给予幼儿充分的空间和时间，缺乏"等待"；教师应当在活动实施过程中成为一个"支架"，"授人以鱼"不如"授人以渔"。

整篇教学反思指向了四个方面：活动本身、活动资源、幼儿发展及教师发展。在整个主题活动实施过程中，教师是怎样随着进程的变化而做出改变活动方式的决定这一点写得比较丰富，但是其他面向都只是泛泛而谈，如没有及时捕捉活动过程与活动设计相左的随机事件，活动效果是不是达到了预期目标，幼儿的学习行为是否产生了预期的变化等。教学反思不应当只是浮光掠影，真正的思考是对观察到"是什么"的现象不断追问"为什么"和"怎么样"。）

【思考与训练】

1. 一篇优秀的活动教案的设计具备哪些特征？
2. 应该从哪些维度进行教学反思？

第五章　教育类文案的撰写

【内容提要】

本章介绍教育类文案的撰写，主要包括对教育类文案的含义、类型和特点的介绍，具体针对教育随笔和观察记录这两种幼儿园里常用的文案写作加以阐释，详细介绍它们的写作要点等，并以案例的形式加以展示和评析。

朱永新成功保险公司开业启事[①]

好消息!

朱永新成功保险公司今天正式开业了!

现在保险业生意兴隆,什么人寿保险、财产保险、医疗保险、航空保险……可谓名目繁多,花样迭出。既然那么多的保险公司如雨后春笋般冒出来,我今天也来凑个热闹,开一个成功保险公司。

本公司宗旨:确保客户利益,激励客户成功。

参保对象:不限。但尤其欢迎教育界人士,因为教育的成功是中华民族伟大复兴的基石。

投保金额:不限。从数元至数千元任您自选。欢迎万元以上大客户。

保期:十年。

投保条件:每日三省自身,写千字文一篇。一天所见、所闻、所读、所思,无不可入文。十年后持3650篇千字文(计三百六十万字)来本公司。

理赔办法:如投保方自感十年后未能跻身成功者之列,本公司以一赔百,即现投万元者可成百万富翁(或富婆)。

本公司只求客户成功,不以盈利为目的。所有利润将全部捐赠希望工程。

欢迎投保,欢迎垂询!

保单索取:webmaster@eduol.com.cn

朱永新成功保险公司

这则幽默的启事道出了教育科研的最有效的方法,教师成长的秘密——写教育日志、教育随笔和教育叙事。朱永新说过:"中小学教师搞教育科研,就是应该从记录教育现象、记录自己的思考、记录自己的感受开始,把一串串'珍珠'串起来,那就是一条非常美丽的项链。"这句话同样适用于幼儿教师。

幼儿园教育类文案的撰写,主要指的是幼儿教师就自己的教育工作进行

[①] 杜志勇. 我以我手写我心——如何写好教育随笔 [J]. 北京教育(普教版),2009 (11).

相应的文字撰写活动，以便更好地促进专业实践和理论发展的一种过程和途径。

幼儿园一般都要求幼儿教师撰写教育类文案，并将它作为幼儿园教育教学管理工作的一项重要任务来抓。然而多数幼儿教师并没有意识到撰写教育类文案的重要性，她们只是为了应付幼儿园领导的检查，因此，有的是流水账似地记述一件事情，有的是参考有关幼教文献，从中东摘一句，西抄一段，拼凑在一起完事。这种应付了事的做法使得教育类文案失去了它应有的价值和作用。

幼儿教师要写好教育类文案，首先要充分认识到撰写教育类文案的重要性。通过教育类文案的撰写可以提高幼儿教师对教育现象、教育问题的认识能力，可以促进幼儿教师对幼儿生活、幼儿表现的观察与关注，可以促进教师自身教育行为的改善和提高，可以提高幼儿教师专业化发展的能力和水平。只有幼儿教师在意识层面认识到撰写教育类文案的重要性，才能在行动上真正重视文案的写作工作，不再把撰写文案工作看作一种额外的负担，如"我们平时忙得不得了，哪有时间写东西"；不再对撰写文案持有抵触心理，"又要写文案，烦都烦死了"。而是愿意写，喜欢写，经常写。只有常写，才能发现自己在教育教学中的不足与欠缺，才能对各种繁杂的教育教学现象、问题进行去粗取精、去伪存真的理性思考。

一个经常认真撰写教育类文案的幼儿教师，总会时时留心有关教育教学的问题，并有针对性地去研究和分析发生在自己身边的教育案例，能自觉地、创造性地把自己或他人的教育教学成果、经验运用到工作中，使自己的工作不断有新的起色和突破。

有些幼儿教师既知道写教育随笔的重要性，也想写，可一旦写起来，却又不知从何着手。她们会认为自己每天带孩子，事小又繁琐，总觉得没什么好写的。因此，幼儿教师需要了解一下教育类文案的类型和特点，只有了解写作客体（写作对象），才能更好地与之互动，更好地发挥作为写作主体的积极性、主动性。

第一节 教育类文案概述

一、教育类文案的类型

教育类文案可以分为教育随笔、观察记录、读书笔记、教育叙事等,本节内容主要从教育随笔、观察记录这两个幼儿园常用的文案类型来阐述教育类文案的类型及其特点。

1. 教育随笔

随笔是一种短小活泼的文体。它是一种随性地表现自我,具有即兴写作、闲适情调的小品文。教师在教学之余,可以将自己在教育教学过程中的一些点滴体会记录整理出来,形成具有随意性、知识性、趣味性、个体性为一体的独特的文体。教师经常写教育教学随笔,可以形成自己独特的教育教学风格,丰富自己的教学生活。

在教育教学活动中,教师们面对的是一群群鲜活的生命。这些生命在成长的过程中总会遇到不同的问题或困惑,这就需要教师的引导和帮助。在教育工作中,我们也时常会有意外的惊喜、收获以及失误,把这些整理加工出来,以文字的方式记录下来,就是一篇篇教育随笔。

写教育随笔在字数、语言方面比较自由,但也不可以随便写,它不是流水账,也不是教学实录,它是反思后的结晶,是教学经验的总结。教育随笔也不同于日记,如果说一天下来没有什么可写的就可以不写,如果说某一天灵感不断,写它个三四篇也是可以的。只要教师善于发现,勤于动笔,就会在日常的教育教学活动中找到闪光点,对这些闪光点进行分析处理,去粗取精,去伪存真,就能写出一篇优秀的教育随笔。

在学习教育理论和借鉴他人的教育方法时,我们也会有一些自己的感受和想法,把它们用文字记录下来,也是一篇教育随笔。

由此可见,只要我们在阅读的过程中善于思考,就会有所发现,有所收获；只要我们敢于拿起笔记录下来，就有可能使我们的实践活动上升到理论的层面。

2. 观察记录

观察记录就是以第一人称的方式，通过对身边的人、事、物等的认真观察，记录我们每天的生活。观察记录记载着我们教育教学生活的方方面面。通过观察记录，不仅可以帮助教师了解幼儿的学习和成长状况，同时也可以让教师在此过程中不断积累经验，总结反思，从而促进教师的专业成长。对一线教师来讲，能养成一个观察并记录的好习惯，能时刻关注孩子的生活，进而得以成长，是需要付出时间、精力，甚至是需要有坚强的意志力的，因为它需要教师克服惰性。观察记录作为教师和孩子共同进步的见证，可以及时唤醒教师逐渐模糊的记忆，使教师随时可以感受到生活的点滴快乐与辛苦，它是我们一线教师教育工作生活最真实的写照。

同时，写观察记录的过程也是让教师真正开始倾听、理解幼儿，学会对幼儿的行为进行解读的过程。对于幼儿的学习活动，教师仅描述性地记录他们的活动过程是远远不够的。观察记录可为教师解读幼儿提供素材和依据，帮助教师在观察的基础上对幼儿行为进行深入的解读。在这个过程中，教师会越来越多地关注幼儿的发展，领悟到幼儿主体作用的重要，教师不再高高在上，而是幼儿成长发展的组织者、支持者和引导者。以下的例子可以充分说明这个问题。

【案例】观察记录：我不想说[①]

孩子们很喜欢玩"冻冰糕"的游戏。为了进一步规范孩子们武术操的动作，我利用这个游戏修改了规则和口令，改成"冻冰糕，冻冰糕，冻什么，冻一个'八面威风'"，然后大家一起做动作，保持30秒钟。这样把武术操的口令和动作加进游戏，没想到大受孩子们的欢迎。

今天早上，我和女孩们在三楼门厅玩这个游戏，为了让孩子们锻炼一下，

[①] 王冰. 观察记录促教师专业成长. 中国教师报，2013年8月28日，第15版.

我请她们依次给大家喊口令。第一个是菲菲，她说得很流利，但声音小了点；接着是欣妍，她的声音很大，看得出给大家喊口令很快乐……第五个轮到妞妞，她一个劲地往后躲："我不想说。"我问她："你为什么不说呀？你不喜欢这个游戏吗？"妞妞回答："喜欢，可我不想说，我……我不知道怎么说。"我说："好，你先想想，大家还等着和你做游戏呢。"接下来是妞妞的好朋友姿谊，姿谊看看妞妞，小声地对我说："我也不想说。""为什么呀？""田瑞不说，我也不说。"旁边的惠惠、茜茜也不想说，这下子，游戏冷了场。这是为什么呢？

　　这是一则简短的观察记录，不到 400 字的文字里教师细致地记录了游戏活动场景中的一个片段。在观察记录之后，教师分析了游戏冷场的三个原因：①游戏规则的突然改变，孩子们不适应。由教师喊口令突然过渡到让孩子喊口令，能力强的孩子能做到，能力弱的就有点力不从心，所以游戏会出现冷场。②孩子的个体差异。妞妞是个喜欢动手但不太愿意在众人面前表现的孩子。虽然平时鼓励一下也能行，但是这次的要求有难度，所以她就不愿意说。③孩子的心理特征。中班的孩子有时会有一种从众心理，一个不干另一个也不干，特别是好朋友之间常常会互相传染。通过分析，教师对活动及时进行了调整：①游戏规则的调整：让愿意说的孩子来喊口令，游戏规则不再刻板为每个孩子都必须喊口令。②加强日常的交流：对羞于表达、不太自信的孩子，在平时的谈话中多交流，随时进行鼓励，帮助他们学会表达。

　　观察记录幼儿的活动是了解幼儿的开始，解读幼儿、反思教学、关注幼儿发展才是最终目的。教师可以在观察记录的过程中积累经验，不断促进自己的专业成长；通过观察记录的撰写，在分析与反思之后，寻找解决问题的有效方法，再有的放矢地展开有针对性的教育。

二、教育类文案的特点

教育随笔、观察记录同为教育类文案，具有一些共同点，表现如下：

1. 有感而发

不论是教育随笔还是观察记录，甚或是教育叙事类的文章，都是因为某些人、事、物触发了教师的感受，使教师产生一吐为快的欲望。教师在撰写教育类文案的时候心里一定是有想法和感触的，是强烈的情感激发教师进行写作活动，将心中的想法、感受表达出来。

2. 有所侧重

教育类文案对写作的对象和内容是有所选择和侧重的，要能突出重点，强调能为某一特定的目的服务。作为幼儿园的工作文案，教育类文案更侧重于对教育教学活动中发生的事件、存在的现象、产生的问题等的记录。从具体的类型来说，它们又各有侧重，即教育随笔主要谈的是感想、感受，观察更多的是记录现象，教育叙事则侧重于对事件的描述。

3. 围绕教育

教育类文案的撰写时时刻刻都是围绕着"教育"来做文章的。文案的创作涉及很多方面，可以是生活的规划、企业文案的撰写、广告文案的设计等等，但是教育类文案有其特定的对象和目的，即紧紧以教育为对象展开话题，其目的是通过文案的撰写与记录，抒发对教育的情感，积累教育的经验和感悟，进而改善教育工作，提升教育的能力。

【案例】

教师 A 和教师 B 有关佳佳在手工活动中的观察记录[①]

教师 A：今天的手工活动，我要求幼儿利用一次性杯子制作立体造型。在操作中，佳佳（大班）好像对这种制作不感兴趣，一直在左顾右盼。这时，同组的婷婷取笑佳佳："真笨，你看我的！"佳佳对婷婷的嘲笑没有任何回应，只是瞥了她一眼。最后，其他小朋友都做好了，佳佳却没有完成。整个活动佳佳好像游离在活动之外，完全没有投入其中。

教师 B：佳佳先用剪刀在一个杯身上戳了一个洞，然后又拿了一个杯子，想通过杯子间的穿插制造立体造型。但是洞比较小，无论佳佳怎么努力都没

---

① 任慧娟. 例谈多彩光谱式观察记录 [J]. 早期教育，2011 (10).

有成功。这时，佳佳想到用剪刀把洞剪大，但杯子是立体的，比较难操作。最后，佳佳只好放弃，直到活动结束她也没有完成。

【评析】

从上述观察记录来看，教师 A 虽然比较完整地记述了幼儿活动的过程，但却很难体现幼儿在智能方面的发展，尤其是不能较好地体现幼儿在不同学习领域的表现差异。而教师 B 则从幼儿智能发展的情况来进行观察记录，并尝试捕捉和挖掘幼儿的强项领域。教师 B 的这种观察记录方式，实际上是多彩光谱理论在观察记录中的运用。

两篇观察记录的侧重点是不一样的。教师 A 关注到了手工活动中比较特殊的佳佳，也注意到她的一些行为，但是，整个记录只是对佳佳的操作活动的过程、结果和事件做了一个流程似的介绍，并没有从中选取她在活动中的智能点，使得记录没有侧重点。而教师 B 则准确地把握住了观察要点——幼儿视觉智能的发展。教师 B 细致地记录了佳佳在活动中遇到了哪些问题、如何选取材料、如何和材料互动以及最终是否解决问题等。这些信息可以帮助教师 B 了解这个领域是否是佳佳的智能强项，佳佳在这一领域的发展特点以及此次操作对佳佳的发展有何作用等，从而为教师 B 开展个别化教育提供了依据。

另外，教师 A 只注意到佳佳没有投入活动之中和她活动的结果，而教师 B 则对佳佳在活动中遇到哪些困难，是如何尝试努力，最终问题有没有解决等进行了观察记录。这些信息最能够具体、生动地呈现幼儿在不同领域的发展现状，最能够启发教师针对幼儿在各项领域中的表现，采取相应的策略，促进幼儿在现有水平上有所发展。因此，教师应转变记录观念，尝试关注过程、记录过程和研究过程。

第二节　教育随笔的撰写

作为一名幼儿教师，写好教育随笔应是基本功。要想写好必须多观察孩子，将幼儿一日活动中有价值的事情记录下来。这样时间长了，就会形成教师自己独特的教育方法。刚开始时不要怕写不好，这是个过程，坚持下去，时间长了就好了。多观察多和孩子接触，并且记录每天发生的事情，哪怕是一些很细小的事情，久而久之，写起随笔你就会得心应手。

幼儿教师写随笔最重要的是要表达出写作的意图，或者是一种快乐的心情，或者是一点小事。对于一线教师来说，不敢说每一天都有很深的体会，很深的心得，但总会有那么点感触和想法，将教育事件或教育感想记录下来，就是一篇教育随笔了。那么，教育随笔有哪些写作要点，该如何呈现，完整优秀的教育随笔又是怎样的呢？本节内容主要为您解答上述三个问题。

一、教育随笔的特点

教育随笔是对某种教育教学现象有感而发的文字，通常包括叙述与议论两块。教师在写作教育随笔时可根据自己的情感需要，边叙边议，或先述后议或先议后述，或者是以叙为主抑或以议为主。教育随笔写法灵活，不拘一格。

教育随笔是用随笔的形式，反映教育实践中的经验、教训和感受、体会，或针对教育实践中的问题发表自己的意见、见解的教育类应用文书。教育随笔形式自由，包括教学笔记、教学后记、读书笔记、教学札记、教育教学随感录、备课笔记等样式。

教育随笔的写作是一线教师及时传递教育教学实践活动中思想火花的最快捷方式，是教师进行教育艺术、教育理论、教育思想、教学方法总结的良好形式，也是提高教师写作能力和教育科研能力的有效手段。

有感而发是随笔的主要特征，而发出的感想是否是精华，则与教师的教育理念、知识结构、理论素养、语言表达能力等直接相关。有些教师只追求随笔的数量，不关注随笔的质量，数十篇下来，风格一样，语言一样，甚至连描述的教育教学情节也差不多。每天写这样相似的甚至是雷同的教育随笔，价值是不大的，对幼儿教师的专业化发展也是没有帮助的。教育随笔的写作是一个人内在素养的外化过程,要提高外化质量必须有一个不断内化的过程。因此,幼儿教师应从各个方面提高个人的素养。另外,加深对随笔写作特点的了解,也有助于教师更好地撰写出好的教育随笔来。

1. 短小精练

教育随笔一般篇幅不长,多则千字左右,少则百十来字。它不用经过缜密的构思后再动笔,而是像日记一样,兴之所至,一挥而就,把教育实践中最有意义的所见、所闻、所感、所历铺展成文。

2. 迅速及时

教育随笔像新闻体裁一样,有较强的时效性。教育实践中的见闻、体会、意见、看法等这些稍纵即逝的因素若不及时记录,再回首时就会失去神韵。

3. 取材广泛

教育应用的其他文书取材受一定条件限制,教育随笔则不然,可以说没有任何限制。从大的方面而言,可以写教育方针、教育思想、教学原则、教学方法等教育思想理论方面的问题。从小的方面而言,可以写一件事、一个字词、一句话、一个动作、一点感触、一个问题等教育第一线最具体的事物。

4. 结构宽松

随笔在写作形式上没有固定的限制,常见的主要有借事说理、夹叙夹议等形式。借事说理型教育随笔,指写作主体着力描写一件事,无需太多语言发表言论、作出点评,把一件事写清楚,文章的结尾有个简单的点题即可。夹叙夹议型教育随笔,是写作主体在叙述一件事情时,发表自己的见解,一边叙述一边议论。

二、教育随笔的写作要点及示例

(一) 写作要点

1. 教育随笔材料的收集与选择

在材料收集方面,教师要不断学习新的教育理论和教育方针政策,提高对教育现象的感受力,经常阅读教育教学报刊,密切关注教育发展的最新动态，同时也要勤于记录，广泛收集信息。

在材料的选择上，要选择具体的材料，因为教育随笔常见的写法是叙议结合，离开具体教学现象，观点看法就无从谈起。材料要典型、新颖，要选择细微的材料，以小见大。

2. 教育随笔的撰写

（1）立意

教育随笔立意的高低，既反映了幼儿教师对教育问题思考的深浅程度，也决定了随笔的价值。许多教师在随笔写作中容易出现"大事泛泛而谈，小事就事论事"的情况，说明未能透过现象看到问题的本质。之所以幼儿教师未能透过一些现象看到其所折射的教育核心问题，在很大程度上是由于她们对现今教育理论缺乏认识和了解，以及对所遇到的现象缺乏深入思考。

幼儿教师要及时了解和追踪当前教育理论的发展状况，平时必须多注意积累。在随笔中把教育理论讲清楚关键是要在遇到某种教育现象时知道其本质是什么，进而分析所遇到的问题，采用从现象到本质的分析方法，来解析这些教育现象，从根本上找到解决问题的方向，并提出具体的解决问题的措施、方法。

（2）标题

标题是文章的眼睛，也有人称之为"题眼"，它是对所描述事情的高度抽象和概括。标题可以起到这样三个作用：引起读者注意，激发读者兴趣；传达一个比较完整的信息；抓住读者的眼球引导读者继续看下面的正文。因此，拟定一个好标题可以说是文章成功的一半。

幼儿教师在拟写教育随笔的标题时容易出现这样一些问题：

第一，标题不够准确。有些幼儿教师的标题看似长篇大论式的理论文章，而细读之后会发现其实是日常教育教学中发生的小事情。这种"题大事小"的文章容易给人一种虎头蛇尾、狐假虎威的感觉。

第二，标题不够新颖。幼儿教师在教育教学过程中面对的往往是相似的情景、一样的问题，因此，标题是否新颖可以反映教师看问题的角度是否新颖。

第三，标题不够规范。标题新颖讲究的是独特性，但新颖并不代表随意。有些幼儿教师在写随笔时标题太长，这种不经概括、提炼的长标题会增加读者（写作受体）的记忆负荷，降低他们的阅读兴趣，如"幼儿在开放式教学中还要不要学习规范的词语与句子"。另外，有些标题存在歧义，会影响读者把握文中内容。

教育随笔好标题的特点在于简洁鲜明、生动传神，以下几种标题拟定的方式可供借鉴。

中心式，就是把文章中心内容归纳出来作为文章的标题，这个标题往往是写作主体议论的目的意图，这就是全文的论点。例如，对幼儿进行教育应该以正面教育为主，多鼓励少批评，批评时应讲究技巧，某些教师在批评幼儿时却会挖苦、讽刺，严重挫伤幼儿的自尊心和积极性，幼儿教师对这种现象有所感想，想写一篇随笔，标题就可以写成"正面教育威力大"或者"既要批评幼儿，也要尊重幼儿"。

事件式，把文章所写的事例进行归纳后作为标题，有多个事例时选主要事例，如"哭闹的小宝"、"快乐的亲子运动会"、"热闹的圣诞晚会"。

比喻式，就是把文章的中心论点或主要事件以生动有趣的比喻呈现出来，即以比喻的方式呈现标题。例如，教师在教育实践过程中可能会领悟到教育幼儿要不断地给予激励和驱动，那么可以把标题拟定为"不倒的陀螺"。

提问式，以疑问句的口吻来拟标题，直接指向文章的主题，可以是设问、反问或选择问等多种方式。例如，有的教师虐待儿童，教师有感而发，就可以将标题拟定为"假如是你的孩子，你会这样做吗"。也可以是反问句，例如，一些教师没有真正理解素质教育的含义，到处贴标签，随便搞点活动就美其名曰素质教育，针对这种现象可以将标题拟定为"素质教育就是活动课吗"或"活动课就是素质教育吗"。

并列对举式，把文中两个相反或相同的概念并列或对举作为文章的标题。如随笔的内容要谈幼儿教师如何摆正自己与幼儿的角色问题，探讨师幼关系，可用这样的标题"教师与幼儿"。其他并列对举式的标题，如"前进抑或后退"、"好与坏"、"美和丑"等等。

名言警句式，即引用恰当的名言、警句、俚语、俗语等作为标题。有时可以反其意而用之，有时也可改动一下个别字。例如，解决问题不止一个方法，可以有很多方式方法来处理和解决一个困难或问题，教师对此若有所感，想诉之于文，可以这样命名"条条大路通罗马"、"不在一棵树上吊死"。

（3）内容

文章内容是随笔的主干与核心，是幼儿园教师在实际教育教学过程中的所见所闻、所思所想的集中反映。因此，内容的好坏决定教育随笔的质量和价值。

幼儿教师在撰写教育随笔时的误区主要表现为：

第一，记叙性内容太多。许多教师经常在一篇短小的随笔文章中，用约2/3的篇幅来记叙事件。教育随笔类文章的依托是幼儿教师在教育教学实践过程中遇到的问题或事情，因此适当的情景描述是必要的。但对事件的描述应该简洁明了，根据文章的主旨组织所需要的材料，而不是仅仅陈述教师的所见所闻，没有教师的所思所想。

第二，情感性内容空洞。随笔是教师面对具体教育教学实践中的特别实践有感而发的，这种感触应该是教师自身的真实感受，这种体验给随笔定了一个基调，并弥散在整个行文的过程中，应是一个自然抒发的过程。但是有些教师没能掌握这种情感在随笔中表达的方式，硬要加上一些抒情的语句，不仅显得与整个基调不协调，而且容易让人对这种情感的真实性产生怀疑。

教育随笔的主要文体是叙事和议论，相应的结构方式主要分为：先叙后议，先议后叙，叙议交替，夹叙夹议等。幼儿教师在行文中可以根据具体的教育事件和个人的感受选择合适的结构行文，使随笔的内容更丰富更能感染人。

（4）修改

所谓"三分作文七分改，文章不厌百回改"。许多教师的随笔谈到的教育现象是非常有价值的，但是由于没有进行修改，这些闪光点都被掩盖了。由于缺乏修改，一些可以刊登、发表的随笔也被杂志社或出版单位"拒之门外"，十分可惜。更可惜的是，许多教师的宝贵经验也因此而未能得到推广，让更多的人受益。修改随笔首先应从大的方面着手，即从上面谈到的立意、标题、行文三个方面进行修改，删繁就简，让文字能真实确切地表达作者的想法。在大概整体修改的基础上，再对细节精心雕刻，如错别字的修改、口头语改为书面语、标点符号的正确运用、格式规则以及句子语法错误的修改等。

教育随笔的语言具有一些基本的要求，如明白准确，具体表现在叙事要清楚、分析要得体、观点要鲜明等方面；自然质朴，把见闻感受随时记录下来，不刻意雕琢，更容易引起共鸣；此外，还要讲究明快简练，生动活泼。简而言之就是用词简洁生动，带有主动性；格式清晰简洁；直接诉诸感情；呼吁行动。

（二）示例与评析

【示例1】

走进孩子的世界[①]

记得在一次美术课后，我举着泽泽小朋友的画对全班小朋友说："这花画得很不错，就是太大了，怎么比树、房子还高呢？你们见过比树、房子还高的花吗？"孩子们顿时哄堂大笑，泽泽难为情地低下了头。

几日后，我在一本书上看到了一篇文章，题目恰恰是"孩子为什么把花画得比树、房子还大"。我一口气将文章读完，记得文中写道："幼儿不同于成人，他们心中有一个儿童的世界，他们认为特别重要或最感兴趣的事物应该画得大一些。大人不必为追求规范的画法而加以纠正，那样反倒扫了幼儿的兴趣而失去了绘画的勇气。"

我这才恍然大悟，因自己的"无知"而错怪了孩子，对孩子造成了伤害，

---

① 徐艳霞．中国幼儿教师网．http://www.yejs.com.cn.

我感到深深的懊悔。从这件事我也真切地认识到，幼儿教师必须真正走进孩子们的心灵，学会欣赏每个孩子，要相信他们都是一个个了不起的艺术家。

这件事让我感触颇多，我深深地感觉到教育事业的真谛是"爱"。在爱的世界里呼唤孩子的人格、心灵、价值观、道德观。爱应该是无私的，由心底而萌发；爱应该是细腻的，渗透在每一个小小的细节；爱要有一定的理性科学素养支撑，创造条件满足孩子的合理需求；爱应该是执著的，面对孩子出现的问题不言放弃。

拿一颗爱孩子的心，去倾听孩子、去关心孩子，孩子给予你的会更多。让我们给孩子搭建一个爱的世界吧！

【示例 2】

老师的"望远镜"①

时有家长反映，孩子在家和在园的表现不一致。针对这一情况，有位教师利用小班孩子喜欢望远镜的特点，想了一个办法：她告诉孩子，老师有一架能把每个人在家的表现看得清清楚楚的神奇的望远镜，希望孩子在家听爸爸妈妈的话，做个让望远镜喜欢的好孩子。在家长的配合下（他们将孩子的表现悄悄告诉老师，但不揭穿"望远镜"的秘密），这个办法果然"行之有效"，家长反映孩子在家乖多了。

这样做似乎效果显著，我却感到有些不妥。

第一，这种神乎其神的"望远镜"是子虚乌有的，对小班幼儿来说，他们的思维能力还没有达到一定的水平，因此即使是不合情理的"哄骗"他们也会相信。但大点的孩子就会意识到教师在骗人，那么教师"为人师表"的形象会不会受损呢？

第二，孩子"乖多了"的表现并非孩子自觉做到的，而是慑于"望远镜"的"神威"约束自己行为的结果，孩子实际上仍处于行为的"他律"阶段。那么，经常这样，会不会影响孩子进入"自律"阶段？会不会对培养孩子的

---

① 王惠. 老师的望远镜［J］. 幼儿教育, 1999 (1).

自控能力不利呢？

"哄"的方法不宜多用，因为很有可能弄巧成拙。我想，只有从正面教育入手去培养孩子的良好行为习惯，才是真正的上策。

【评析】

教师写随笔的主要目的，是以自我叙述的方式来反思自己的教育教学活动，并通过反思来提升自己，不断提高教育教学水平和质量。

教育随笔主要用来表达写作主体对某一教育事件的思考（本人是"当事者"，而非"旁观者"），所涉及的往往是一些正在发生的或大家比较关心的事情，如对于教学、保教、师幼关系、家园关系、理论学习或幼教热点等问题的关注，包括写作主体在事件中的所言所行，事后是以怎样的态度来审视的，从这件事中获得了怎样的触动、震撼、启示。所以，事件加思考是教育随笔的基本构成。对事件的表述应有自己的真实体验，由事件引发的个性化思考体现感悟。这些事件可从大处着手、旁征博引，对一些理念进行生动阐述；也可从小处寻找突破口，通过对自己的教育教学中有价值的细枝末节娓娓道来，引人入胜，给人以启迪。

【示例3】

"锅"要趁热"刷"[①]

"锅"要趁热"刷"，意思是刷锅一定要趁着锅热的时候刷，即炒好的菜倒到盘子里后就快刷。

刷锅、洗碗是每天必须干的家务活。每次刷锅的时候，我发现刚炒完菜，把水倒入锅中轻轻一摇晃，油腻污渍便荡然无存。如果吃完饭后再去刷，需要用炊帚来回擦好几遍才能刷干净。

由此我联想到对孩子的表扬。表扬一定要及时，就像刷锅一样，趁热刷效果更明显：当学生表现出了教师所期待的行为时，就要马上表扬，及时的表扬才能更有效，越小的孩子越应如此。孩子的每个闪光点、点点滴滴的进

---

① 管目荣. "锅"要趁热"刷"[J]. 青年教师，2007（9）.

步都应该是进行表扬的理由。不要吝啬自己的一句话，哪怕是一个眼神，对学生来说，都会带来春风般的温暖。不要等着学生的进步转成大大的成绩时再进行表扬，因为到那时怕是锅已凉了，无论你怎样的真诚都难以打动学生了。

同样，批评学生也是这个道理。尽管学生犯了一点小小的错误，教师也要及时进行批评教育，指出错误所在，让他吃一堑长一智，否则，等酿成大错，悔之晚矣。

【示例 4】

如何指导大班制幼儿美术[①]

我喜欢小孩，喜欢和他们在一起玩啊、乐啊，更喜欢教小孩画画，教他们用五颜六色的笔在纸上画出多彩的世界。

我教的美术班有三十多名幼儿，要让每位幼儿在课堂上都领会教师的意思，再在画纸上自如地表达出来，难度较大，怎么解决呢？思考良久，我在原有教学经验的基础上，结合实际情况，专门制订了教学计划和教学方法。

首先，要规范幼儿课堂纪律。大班制美术教学，学生没有良好的行为习惯，课堂会乱糟糟的。我印象最深的一次是参观一个大班制教学，教师准备得很充分，但幼儿纪律很差，最后没有按计划进行教学。我每次上课会放轻柔的音乐，在优美的音乐声中，让幼儿依次拿画笔、取画纸，然后循环、依次回到座位上，这样既收敛幼儿浮躁的情绪，又使课堂安静有序。在音乐的带动下，孩子的创造性思维处于最佳的状态，绘画也可以促使孩子右脑的发育，增强孩子的创造性思维。

其次，每次绘画的定位很重要。要将画的中心内容表现出来，定位是关键。刚开始，教师可在幼儿画前先简单定好绘画位置，再让幼儿在此基础上详细地、发散地绘画，这样能避免每次上课幼儿定位困难，位置不是太左了，就是太右了，不是太高了，就是太低了，不是太大了，就是太小了。记得有

---

① 蒋亚湘. 教育随笔：如何指导大班制幼儿美术［J］. 现代阅读，2012（11）.

一次画四只不同方位的小鸡，好多幼儿把小鸡画在纸的四角，要么就全聚在纸的中间，很小很小。很多幼儿刚学画画都画得很小，畏首畏尾，画出的作品拘谨、小气，不知道如何下手；要么就是随意性地大涂大画。这主要表现在年龄小的幼儿，教师要帮助这么多幼儿，会显得手忙脚乱，所以给幼儿定位就显得很重要了。当幼儿基础能力提高后，逐渐能领会教师的意思了，教师就可放手让幼儿自己定位。如教幼儿放大比例、缩小比例绘画，我会发不同大小的纸，在大纸上绘画比例放大，在小纸上绘画比例缩小，反复进行，幼儿对比例的掌握就好得多了。

再次，鼓励幼儿大胆想象。教幼儿绘画最忌讳幼儿绘画没有创意，一幅没有想象力的作品，不会是幼儿的作品，更不会是好的儿童画。幼儿总会冒出许多稀奇古怪的想法，幻想反映了幼儿急于快快长大，更多地认识世界的需要。在传统的美术教学中，教师运用范例统一图像，用教师单向的示范与讲解来阻止矛盾冲突，要求幼儿按自己的步骤与方法绘画，这种看来既省时又简捷的方法，似乎能收到立竿见影的效果，但却抑制了幼儿的创造性，会使幼儿产生没有自己的想法，盲目服从权威的心态。

但要让数位幼儿在课堂上画出自己的创意，在大班制美术教学情况下是很难的。我每次教幼儿都有一个框架，在这个框架里有我教的内容又有幼儿的自由绘画。这里的自由绘画就是，先帮助幼儿回忆一些已有的活动经验，再通过我有针对性的指导，让幼儿明确绘画内容。通过观察发现，如果教师经常用"像"或"不像"去评价幼儿作品，或用标准图像去要求幼儿，那么幼儿的想象就会受到抑制。幼儿绘画教学的目的是培养幼儿表现美、创造美的浓厚兴趣，教学活动的设计要建立在孩子的经验之上，要充分调动幼儿的积极性，使孩子成为活动的中心、真正的参与者。

我将班里幼儿的绘画能力分为三部分，第一部分绘画能力较好的幼儿，第二部分绘画能力一般的幼儿，第三部分绘画能力较差的幼儿，在教学中有针对性地指导。面对幼儿，教师只有认真分析影响其绘画表现的心理因素，理解不同幼儿的绘画行为，找出适宜的指导方法，因人施教，才能令幼儿在快乐创作的同时真正得到发展,让每位幼儿在原有的基础上有进步。

就美术来说,同样教师不要怕幼儿画错或做错,应鼓励幼儿大胆地画,即使画错,也可在判别中逐步纠正。记得我刚教幼儿画画时,感觉幼儿画出来的东西乱七八糟,都有想带笔帮助的冲动,学绘画的孩子又多,辅导不过来,但没出效果怎么行。后来我调整心态,想着应尊重幼儿年龄特点,要逐步引导幼儿,切不可拔苗助长。所以我改变教学方法,多鼓励幼儿,同时发动家长,得到家长的鼎力配合,逐渐地幼儿的绘画能力就提高了许多。

发动家长关注幼儿绘画,是大班制美术教学的需要。家长首先应了解一些儿童绘画的特点以评价儿童作品,要以鼓励为主,要珍存儿童画,保留儿童的绘画个性,不要用大人的标准苛求他。即使画得不好,也只能启发诱导他说:"如果你这样画,就更好了。"要让孩子树立信心,保持浓厚的兴趣。

我教幼儿绘画采用了很多引入的方法,有用故事情境引入,故事和主题沾边,有音乐引入,让幼儿能够在静止的画面中产生动态的感受,有艺术引入,为幼儿创设一个艺术情境,有游戏引入,在小小的游戏中让幼儿体会快乐,总之,目的就是让幼儿喜欢绘画,愿意去画。

我认为幼儿美术活动,不仅能激发美感、陶冶性情,而且涉及幼儿兴趣、态度、情感、意志、智能、知识及身体发育诸方面,所以任何一个美术活动都应从培养学习兴趣出发。

当然,每次上课前都要做好充分的教学准备。在一节课里完成作品很重要,这不但需要兴趣和创作的冲动,更需要有毅力以及专注、耐性、锲而不舍的精神,这对孩子来说并不容易。我经常和他们一起动手画,培养他们的学习兴趣,训练他们做事有始有终的习惯。我愿我教的每位幼儿都喜欢绘画,我会继续努力的儿童绘画的教学工作是一个神秘的充满诱惑的世界,我将用自己的教学实践去努力探索其规律,为儿童绘画的百花园,增添新的绚烂的花朵!

【评析】

这篇教育随笔的篇幅太长,两千来字的文章里体现出随笔的"随"性特点，但是重点不是太突出。在体现随笔表情达意，随感而发的特点中，稍微体现出层次性则会更好。另外，在语言上，很多地方标点符号不太规范，可能是文字编辑时编排的原因，也可能是教师的一种书写习惯所致。

此外，文章有些地方，断句不太合理。例如，"我愿我教的每位幼儿都喜欢绘画，我会继续努力的儿童绘画的教学工作是一个神秘的充满诱惑的世界"应该改为"我愿我教的每位幼儿都喜欢绘画，我会继续努力的。儿童绘画的教学工作是一个神秘的、充满诱惑的世界"，再如"为儿童绘画的百花园，增添新的绚烂的花朵"可改为"为儿童绘画的百花园增添新的、绚烂的花朵"。

总而言之，教育类文案的写作不仅是完成任务，也不仅是追求数量，更要重视质量，体现对美的追求。一篇好的教育文案其实也是一篇好的文学作品。因此，不仅要讲究文案传递的内容之美，也要讲究文案展示的形式之美。事实上，内容与形式之间是互为影响、互为促进的，共同彰显出美的韵味。

第三节　观察记录的撰写

著名教育家陶行知先生说过："教育为本，观察先行。"没有科学有效的观察记录，就难以对幼儿进行正确积极的引导。观察记录是一种研究、评价幼儿学习与发展情况的基本而有效的途径。科学的观察记录能较好地发现幼儿的发展水平和问题，并为以后的教学提供有效的参考和科学的依据。但遗憾的是，很多幼儿教师虽然知道观察记录的重要性，但对如何进行有效观察记录还缺乏必要的关注，对如何更好地撰写观察记录文案还缺乏足够的认识和了解。

撰写观察记录的作用主要表现在三个方面，第一，可以帮助教师更好地了解幼儿；第二，有利于改善教师的教育教学行为；第三，有助于促进每一个幼儿的全面和谐发展。本节内容就如何撰写观察记录这个话题展开，阐述观察记录的写作要点并示例，希望对广大幼儿教师有所帮助和启发。

第五章　教育类文案的撰写

一、观察记录概述

（一）观察记录要有明确的写作目的

观察记录一般都是有所指向的，即为一定的目的服务。因此，目标必须事先明确，否则将会是无目的的观察。撰写观察记录，首先也要有明确的观察目的，才能对观察对象（幼儿）进行细致而又有目的的观察，也才能写出有声有色的观察记录。

以下这个小例子可以说明，有明确写作目的的观察记录对教育教学的作用。

2008年6月25日下午，媛媛翻了会儿书，又去玩沙区看了看。最后，她去了音乐活动区。①

这个观察记录，反映的仅仅是幼儿单纯的动作行为，"翻"、"看"、"去"，对其在活动过程中有无兴趣、活动如何进行、结果如何等未做记录。而恰恰正是后面提到的这些信息，才有助于教师发现问题，作为研究问题的逻辑起点。因为，个体行为有许多层次，每个层次都有特定的行为环境。"翻了会儿书""去玩沙区看了看"等行为与周围环境无任何交互性的意义，对教师指导幼儿无任何实质性的作用。教师应以精练的语言记录幼儿的行为，尽可能涵盖所观察到的多方面、多层次的信息。如媛媛翻的是什么书，难度如何，她的阅读时间是多长，对该书的反应如何……总而言之，在观察记录时教师应紧紧抓住两个问题：环境是否对幼儿产生强有力的影响？幼儿又是如何改变和调整自己的行为与环境进行互动的？②这两个问题其实就是教师撰写观察记录的目的，即考察幼儿是如何在环境和活动中学习与发展的。皮亚杰认为，发展是一种在个体与环境的相互作用过程中实现的意义建构。因此，在观察记录中，侧重观察幼儿与环境的互动，就是在关注幼儿的发展。当然，观察记录还有其他目的，教师可以根据具体的情境和教育目的有针对性地观察

---

①② 姜芳娟. 观察记录须找准问题的"眼"[J]. 早期教育（教师版），2009 (6).

记录。

另外，教师所采取的不同观察方法也会影响到观察记录的撰写。对于常见的观察方法，我们从下表中可以看出它们各自的适用范围。

常见观察记录方法的优点与缺点表[1]

方法	优点	缺点
叙述性描述（正式）	1. 提供完整的记录。 2. 捕捉情境（场景和情景）。 3. 是一种永久性的记录。 4. 可在多种情形下运用。	1. 耗费时间和精力。 2. 行为样本的代表性不足。 3. 需要一定的技巧和努力才能记录所有的行为细节。
时间抽样（正式）	1. 适合记录各种行为。 2. 节省时间和精力，效率极高。 3. 获得有代表性的数据。 4. 可以结合其他记录方法一起使用。	1. 不能捕捉行为细节。 2. 运用时受行为发生频次的限制。 3. 不是以行为自然发生的方式对待行为，记录的只是"行为片段"。 4. 事先确定类别可能导致偏见。 5. 编码表运用困难，要求准确而可靠地运用分类系统。
事件抽样（正式）	1. 可以保留原始数据。 2. 适合记录不常出现的行为。 3. 记录自然的行为单元。 4. 可与叙述性描述、编码表结合使用。	对不经常进行观察的观察者而言不是很有用，因为需要经常进入观察情境，以便在行为发生时看到该行为。
日记记录（非正式）	1. 保留原始数据。 2. 长时间记录十分有用，能提供行为或事件间的联系。	1. 对大多数观察者不适用。 2. 必须与儿童长期共处。

---

[1] ［美］沃伦·本特森著，于开莲等译. 观察儿童——儿童行为观察记录指南[M]. 北京：人民教育出版社，2008：142－143.

核查表 （非正式）	1. 适用于多种情境和方法，高效。 2. 能提供"基线"信息，揭示发展进程或行为变化。 3. 能使观察者明确哪些行为和技能需在今后进行更详细的观察。	不保留原始数据，失去了行为细节，只保留行为片段。

（二）对观察的内容进行全面描述

观察记录反映的是幼儿在某时某刻与环境、同伴的互动。因此观察记录的内容涉及环境和人物（观察对象）两个大的方面。

从环境方面来说，环境的描述是观察记录必不可少的要素。一般来说，环境的描述主要包括两个方面，即物理环境的描述和社会环境的描述。物理环境的描述主要指幼儿活动的空间及其特点，例如是在室内活动还是在户外活动，是在室内的课室活动还是在功能室活动等。社会环境的描述主要指幼儿所在群体的氛围，例如群体或个体当时的神情面貌等。这两项描述是观察记录发生的大背景，它有助于观察记录后的全面分析和解释。

观察记录除了对环境进行描述外，还要对观察对象进行描述。从观察对象来说，有两种基本的观察，即对幼儿个体的观察和对幼儿全体（小组）的观察。从观察的形式来分，有按时间进行的观察，按内容进行的观察和按组织进行的观察。因此，在撰写观察记录时要对观察对象和观察形式进行描述。以观察对象来说，主要包括三个方面的内容：

1. 观察幼儿的主观表现。幼儿的兴趣、好恶、特长等带有强烈个人色彩的表现都属于主观表现。

2. 观察幼儿的客观表现。主要看幼儿在园的几种关系：①幼儿与同伴的关系，如，是合群，还是孤僻；是群体中的领导者，还是处于从属地位；与小朋友的关系是否融洽。②幼儿与教师的关系，如对教师是亲近、拒绝，还是不冷不热。③幼儿与周围环境的关系，如喜欢在户外还是在室内活动，对班级环境是否关心，对班级区角里出现的学具、材料是否关注，是否会用会玩，适应的速度如何。

3. 观察幼儿在活动中的表现。主要观察：①幼儿参与活动的积极性、主动性；②认知能力（操作能力）；③语言表达能力；④初步的想象力和创造力；⑤自我控制能力（规则意识、任务意识）。

实际上，幼儿发展的各个方面都属于教师观察记录的写作范畴，也是重要内容。教师在撰写观察记录时要有明确的教育目标，根据教育目标确定观察内容，以发展的眼光来观察和记录评价幼儿的表现。

（三）对观察内容进行适时、合理的分析

如果只是撰写观察的内容，而不对这些内容进行解释或分析，对于幼儿教师今后的教学工作的顺利开展，对于教师的专业化成长帮助不大或收益甚微。在对幼儿进行观察记录时，幼儿教师在当时情境下是会有自己直接的想法和感受的。另外，如果间隔一段时间后再对观察记录的内容进行解释或分析，则很容易丢失一些重要的信息。因此，在对观察对象进行观察之后，在及时撰写观察记录时也要在当时的情境下及时作出合理的解释或分析。

二、观察记录的写作要点及示例

（一）写作要点

撰写观察记录并没有统一的要求，但有四个部分不可缺少，即目的、实录、分析和措施。①

1. 目的：指通过某次观察，希望能解决的某方面问题。

2. 实录：教师在如实记录幼儿表现的同时，应重点注意两点。第一，体现幼儿的发展变化。每篇观察记录里，应有幼儿生活状态、心理及行为的描述，将这些记录积累下来，就可以了解幼儿的发展状态，发现幼儿的变化。在此基础上，教师可考虑给予什么样的指导和帮助。第二，抓住幼儿的独特行为。应通过观察发现并记录幼儿的一些独特行为，为有针对性的教育提供依据。

3. 分析：主要从教师的教育和幼儿的发展两个方面进行分析。在教师的

---

① 余碧君. 写观察记录应注意的几个问题 [J]. 早期教育，1999（3）.

教育方面，侧重分析教育的目标、内容是否恰当，能否促进每个幼儿在各自不同水平上的发展；分析教育的方法是否恰当，是否调动了幼儿学习的积极性、主动性，幼儿学习的效果如何；分析环境是否适应了幼儿发展的需要，是否促进了幼儿的发展，等等。在幼儿的发展方面，重点分析幼儿的兴趣、爱好；各种能力的发展以及社会性的发展、行为习惯的掌握、某种情绪情感的成因，等等。总之，应该紧紧围绕观察的目的分析观察到的现象，在此基础上，改进教师的教育行为，更好地促进幼儿的发展。

4. 措施：通过观察记录，教师要透过现象挖掘原因，在此基础上采取有效的措施，更好促进幼儿发展。针对孩子的个体差异，教师需要考虑加强或改善自身的教育行为，从而制订出适宜的方案或调整原有的教育计划。如一位教师本来打算让全班幼儿用剪刀剪直线，以锻炼幼儿手的灵活性，促进小肌肉的发展。经过一段时间对幼儿在剪纸方面的观察记录，她发现全班幼儿在用剪刀方面存在较大的差异，于是，她调整了原有教案，在同一节课上设置了三种不同的内容，一部分幼儿剪短直线、一部分幼儿剪长直线、一部分幼儿剪弧线，使全班幼儿都在各自不同的水平上获得了发展。

◎以文本形式呈现的观察记录的基本结构

时间和人物：标注时间和人物是撰写观察记录的必要内容。特别是对一些持续性观察、累计性的资料更需要做好标志说明，以免经过一段时间后遗忘相关内容。这些信息的标注同时也为写作受体（其他教师或研究者）的研究提供了可靠的资料。

观察对象：观察人物包括观察者和被观察者，主要撰写被观察者的基本资料。被观察者可能是一个，也可能是多个。无论是一个还是多个，观察记录都必须包含他们基本的信息，如姓名、年龄、性别、所在班级等。

观察时间：明确观察的日期和时间，最好具体到年月日，上午下午，几点几分。如能将每次开始观察的时刻和持续观察的时长撰写出来则更好。

观察目的：任何一个观察活动都是有一定目的的，而且好的观察记录应该反映出明确的目的。正如前面所谈到的那样，要有明确的观察记录的目的。

观察实录：是对观察对象或观察事件或观察片段的详细、真实的记录。教师在撰写观察记录时，应对写作客体有一个真实的认真的观察，在此基础上以文字的形式记录下来。

观察分析：对观察记录的内容进行分析，是为了帮助我们更好地理解观察对象。教师的观察记录的内容更多地涉及幼儿的行为表现、态度情感、能力发展等，以及教师自身在与幼儿交往时的行为态度、情感体验等。对这些内容进行分析，有助于幼儿教师更好地理解幼儿，更好地了解自己的教育观、儿童观、教师观等，更好地了解自己在教育过程中存在的优点和不足。

解决措施：通过观察记录的撰写，在分析观察记录的过程中寻找解决问题的方法和策略，是观察记录最终的目的。因此，好的观察记录，要在记录的基础上对存在的问题与不足提出相应的解决或改进策略，从而更好地促进幼儿和教师双方的发展。

◎以表格形式呈现的观察记录的基本结构

观察记录表[①]

1. 观察记录目标：
2. 确定时间和人物：
时间：_____ 开始时间：_____ 结束时间：_____
观察者：_____ 被观察者：_____
3. 简要描述观察地点的物理特点和社会特点：
4. 选择观察记录方法：□叙述性描述 □时间抽样 □事件抽样
5. 作出具体解释：

[①] 王小兰. 观察记录：幼儿发展评价的一种途径 [J]. 教育测量与评价，2010（12）.

三名幼儿互动的观察记录表[①]

1. 观察记录目标：幼儿对场景的一般反应，幼儿对环境的一般反应，幼儿对他人的一般反应。

2. 确定时间和人物：

    日期：2008年5月27日

    时间：开始时间　上午10:00　结束时间　上午10:40

    观察者：王小兰

    被观察者：俞晨（5岁2个月，女），何丽（5岁4个月，女），沈振雨（5岁7个月，女）

3. 简要描述观察地点的物理特点和社会特点：

    今天这几个孩子看起来心情不错，我与孩子们分享着他们的好心情。外面在下雨，当孩子们知道不能出去玩的时候，他们就把充沛的体力都用在了区域活动上。活动区看起来已有些秩序混乱，相对于有特别预设的区域活动，这一次的活动内容让孩子们有了相当大的自由度，能体现孩子在自由状态下的社会交往能力。

4. 选择观察记录方法：□叙述性描述　□时间抽样　□事件抽样

行为类型	1	2	3	4
对场景的一般反应：				
1. 主动进入场景（相应的场景：建构区、益智区、操作区）	①	②	③	①
2. 不太愿意进入场景	1	1	1	1
3. 拒绝进入场景	JG	JG	JG	CZ
对环境的一般反应：				
4. 自由运用设备和材料	①	②	③	①
5. 有限或偶尔运用设备和材料	4	4	4	4
6. 没有运用设备和材料				
对他人的一般反应：				
7. 试图或与同伴有接触				
8. 试图或与成人有接触				

[①] 王小兰. 观察记录：幼儿发展评价的一种途径[J]. 教育测量与评价，2010 (12).

行为类型	1	2	3	4
9. 回避或中断与同伴的接触	①	②	③	①
10. 回避或中断与他人的接触	7	7	7	8
11. 不太情愿与同伴接触，幼儿对接触缺少动机或不专心				
12. 不太情愿与成人接触，幼儿对接触缺少动机或不专心				

被观察的幼儿：①俞晨　②何丽　③沈振雨

关键词：JG——建构区，YZ——益智区，CZ——操作区

5. 作出具体解释：

　　对于场景、环境、他人，三名幼儿的反应总体来说都比较主动。从行为上来看，俞晨表现出了更好的积极性，她不但进入了建构区，还进入了操作区，更试图与成人接触。根据幼儿发展心理特征及幼儿指导纲要，三名幼儿能积极主动参与感兴趣的区域活动，能选择合适的材料进行操作，能与同伴交流操作感受或寻求帮助。

（二）示例与评析

【示例1】[①]

观察时间：1998.12.12

客观描述：上课时，姚姚一直在玩衣服上的纽扣。

分析：上课时幼儿的注意力很容易分散，这是由幼儿的年龄特征所决定的。由于新鲜刺激物是分散注意力的原因之一，所以导致姚姚注意力分散的是她新衣服上的纽扣。经教师提醒，姚姚才停下来。课后我单独与她谈话，要求她上课不要再玩纽扣了。

【评析】

这篇观察记录在下述几个方面存在问题：

1. 观察没有目的。教师的观察记录应该是在对幼儿进行有目的观察基础上写的，不是随意性的，否则就会缺失观察记录本身的价值和作用。

2. 客观描述过于简单。有目的的观察一般要看幼儿在某段时间内的客观

[①] 白石. "观察记录"实例及评析 [J]. 早期教育，1999 (3).

表现，或者是持续性地观察幼儿在某一时间或同一类活动中的表现，因此，它不是一两句话可以概括的，而应该反映出一个客观的过程。

3. 分析不够"纯"。从"经教师提醒……"开始，后面的叙述并不是分析，而是"客观描述"的一部分。另外，对姚姚发生注意分散这一现象的"个性"分析得较少，而侧重于"共性"的分析。

4. 措施没有跟上。写观察记录不是为了写而写，而是为了通过观察幼儿，更好地了解幼儿，从而不断改进教师的工作，使教育更有针对性，进而更好地促进幼儿全面和谐地发展。所以，一篇观察记录里，措施这一部分是不可缺少的。

【示例2】[1]

观察对象：中班幼儿高壮壮

观察目的：帮助幼儿建立活动规则，并自觉遵守规则。

观察实录：早晨入园时，高壮壮与爷爷说了声"再见"就到活动室里抹小椅子。抹完小椅子后，他先在油泥组玩了一会儿，什么也没做成，又到剪纸组。在剪纸组玩的时间比较长，可是由于他不会用剪刀，剪不起来，就和小朋友讲话，看他们玩。教师组织活动时，高壮壮一直和旁边的小朋友讲话，别人不理他，他仍然不停地讲。忽然，他站起来了，去厕所小便，然后一蹦一跳地回到座位上。

分析：从观察中发现，高壮壮参加活动的规则意识较差，原因主要有两点：①他是这学期刚从其他幼儿园转学来的，以前的幼儿园老师可能对他没有规则方面的要求，因此他觉得想做什么就可以做什么。②他对一些活动的方法和技能掌握得不好，这就影响了他参加活动的动机与兴趣，以至于像蜻蜓点水一样，什么都玩，什么也玩不好。

措施：①通过个别教育，帮助高壮壮尽快学会使用工具和材料，如学会用剪刀，学会玩油泥，会团、分、搓。②在晨间体育活动及游戏活动中，增

---

[1] 白石. "观察记录"实例及评析[J]. 早期教育，1999 (3).

强高壮壮的规则意识。③与高壮壮的家长联系，通报他在园的情况，争取家长配合，如建议家长在家中为高壮壮多提供一些练习、操作的机会。

【评析】

这篇观察记录主要体现了三个小特点：

1. 文中目的、实录、分析、措施四个部分清晰，也都记录得"名副其实"。

2. 分析比较客观，说明教师对幼儿的观察非常细致。

3. 措施比较具体。由于分析的质量高，就为制订下一步教育计划奠定了良好的基础。措施的操作性强，很容易落到实处。

【示例3】①

观察对象：小班幼儿周浩成

观察地点：游戏室

观察目的：帮助幼儿建立游戏规则。

观察实录：教师刚说"游戏开始"，周浩成就嘴里喊着"啊"在游戏室中间转着圈跑了起来，带他活动的是中班的朱玮小朋友。朱玮叫他不要跑，他只当没听见；朱玮要去拉他的手，他用力一缩，就挣脱了哥哥的手，朱玮只好在后面跟着。他在游戏室中间跑了一会儿，然后来到娃娃家，到娃娃家看了看，又走出来跑到"百货商场"，自己拿了牙膏、饼干、糖盒，随手一扔，弄得地上一片狼藉。

观察分析：周浩成小朋友年龄偏小，在班上他是不足龄幼儿中最小的一个，自我控制能力较差。他以自我为中心，不听哥哥的话，想干什么就干什么。在这次游戏中，他的角色身份是顾客，但他还没有一定的角色意识，也不了解顾客应该怎么做，不懂得要遵守游戏规则，所以出现了东奔西跑、乱扔东西的现象。另外，由于刚开始进行混龄活动，大小孩子双方都没有经验，哥哥还不懂得如何带弟弟，弟弟也不知道要听哥哥的话，这也是原因之一。

---

① 唐晓娟. 观察记录一组［J］. 山东教育，2001（11）.

解决措施：①及时制止周浩成乱扔东西的行为，引导哥哥带他一起捡东西并整理好。②进行个别谈话，帮助周浩成了解游戏中要遵守的规则，明确自己的角色身份。③要加强混龄活动的指导，尤其是要教给哥哥姐姐带弟弟妹妹的方法和技能，如要勇敢地制止弟弟妹妹不正确的行为，还有自己要做好弟弟妹妹的榜样等。

【评析】

1. 观察对象的年龄最好明确、具体地写出来，如"3岁零4个月"这样的表达方式。

2. 观察时间除了年月日之外，最好将时间段写出来，这样可以让读者了解幼儿发生该行为的持续时间，因为持续时间长度的不同，其作为儿童发展信号或信息的价值就不同。如换玩具这一行为，如果是在2分钟之内发生的，我们可以视作幼儿兴趣点转移太快等结论，但是如果在30分钟内发生，则可能就是一个理所当然的行为。

3. 观察目的是"了解……"而不是"帮助……"，因为了解是一种认知行为，而帮助则是具体的实践行为，是要有行为介入的。

4. 在观察实录中，周浩成是观察的目标人物，但是不要忽略背景人物的存在，也就是说在描述周浩成行为的同时，也要描述在他周围的和他行为发生关系的人物的表现。这样，我们在制定具体措施时就可以变教师的个体行为为教师幼儿一起参与的行为。幼儿在帮助其他人的交往过程中自己也会获得成长，尽管也许其他幼儿并未意识到他在做什么、他的行为所产生的影响，但是教师的各种观念和意识可以帮助幼儿去关注别人的行为、评价别人的行为，并逐渐过渡到有意识地关注和评价自己的行为。

5. 在具体措施中，第一点建议教师不要及时制止周浩成乱扔东西，而要建议朱玮采取必要的措施，不管朱玮采取何种措施，都是他的一种自认的行为，也就是他觉得可以的行为。如果教师觉得不妥，可以在游戏结束时让中班小朋友讨论，当然此时小班幼儿可以参与，让他们感受讨论的气氛，而不管发言与否。第二点措施尚可。第三点，混龄活动的目的不是具体的技能，关键在于让幼儿学会正确地评价自己和他人的行为，发展幼儿自觉的自我意识，而不是自我中心式的自我意识。

【思考与训练】

1. 教育随笔有哪些特点？
2. 教育随笔的基本结构有哪些？
3. 观察记录的写作有哪些特点？
4. 观察记录的写作有哪些基本要素？

第六章　家长工作类文案的撰写

【内容提要】

本章的内容主要涉及教师在做家长工作时开展相应活动的方案的撰写，详细介绍了家长工作类文案的特点，具体阐述了家长会文稿的撰写、家长开放日活动的策划文案和家园沟通中幼儿评语的撰写，并分别以案例加以展示和评析。

第一节　家长工作类文案概述

《幼儿园教育指导纲要》明确指出："幼儿园应与家庭密切合作，与小学相互衔接，综合利用各种教育资源，共同为幼儿的发展创造良好的条件。"家长参与在幼儿园教育中起着不可忽视的重要作用。相比其他学段，幼儿园阶段是家长与教育机构联系最为紧密的时期。家长参与幼儿园的活动，一方面可以通过活动了解幼儿在园的表现，加深对儿童身心发展情况的认识；另一方面，家长可作为一种重要的教育资源，辅助教师完成对幼儿的了解、观察和指导任务。

因此，幼儿教师在工作中应充分利用家长资源，做好家长工作，为幼儿的发展提供更好的环境和条件。

一、家长工作类文案的类型

家长工作类文案主要有家长会文稿、家长开放日活动的策划文案和家园沟通中的幼儿评语。

不管是家长会文稿、家长开放日活动策划文案还是家园沟通中的幼儿评语的撰写，总的来说主要都是围绕着让家长了解幼儿园的基本工作情况，了解幼儿在园的基本情况进行的，使家长能在充分了解的基础上理解幼儿教师的工作，更好地配合幼儿园的工作，发挥家园共育的优势，使幼儿更好地获得发展。

我们首先了解一下这三类家长工作活动的性质。

1. 家长会

家长会是幼儿园邀请家长参与幼儿园教学指导工作的一种形式。家长会作为教师与家长面对面交流的直接形式，在家园合作中具有重要的价值和特殊的地位。幼儿教育发挥作用和价值的大小更多地取决于家园共育的合力。光靠幼儿园自身的努力对幼儿进行教育，其成效是有限的，还需要发动家庭的力量，达成家园教育的一致，合二者之力才能使幼儿获得更好的发展。因此，家长会作为一种传统的家校合作的方式，有着重要的作用。在家长会上幼儿教师可以向家长讲解儿童发展的规律和特点，传递科学的教育理念，增强家长的教育意识，解答家长的疑难问题，提高家长的教育技能。

家长会是幼儿园对家长进行集体指导的重要形式，按照不同的标准可以分成许多种类。[①] 从时间上分，有开学前的家长会议、学期中的家长会议、学期结束时的家长会议；从形式上分，有全园家长会、班级家长会、小组家长会。

针对不同的家长会议，幼儿教师在文案撰写时应有所区别和侧重。具体来说，如果是按照时间撰写的话，需要注意学期段的特点。例如，开学前的家长会议，一般在开学前2周左右召开，向新入园幼儿的家长介绍幼儿园的生活常规、教育任务与内容及形式、方法，讲解孩子入园时可能会出现的问题，希望家长予以配合，共同做好孩子的入园准备工作，如在家里时告诉孩子"马上就要上幼儿园学本领了"，以树立孩子入园的自豪感；"幼儿园有许多小朋友、玩具，还有像妈妈一样的老师"，以激起孩子入园的愿望；认识自己衣服鞋帽的特征，以培养孩子生活自理的能力。学期中的家长会议是在每学期的中间时段，向家长通报开学以来幼儿园做了哪些教育工作，孩子们取得了哪些进步；下半学期的工作重点，将要开展的主要活动，请家长合作的事项等。而学期结束时的家长会议则是在学期结束时举行，向家长汇报整个学期，特别是后半学期幼儿园的工作，对支持幼儿园工作的家长表示感谢，对重视家庭教育的家长进行表扬。

如果是按照不同形式来撰写家长会文稿的话，要注意家长的人数、规模、家长的需求等有针对性地设计家长会文稿的写作。例如，全园家长会是由园长、家长委员、教师代表共同策划举行，全园幼儿家长都参加，讨论幼儿园的发展规划、学期工作计划、规章制度、重大活动等的会议，一般每学期召

---

① 李生兰著. 学前教育学 [M]. 上海：华东师范大学出版社，2006：208.

开一次。班级家长会是以班级为单位，由本班教师负责召集全班幼儿家长开会，讨论的议题多种多样，教师可把每个幼儿、幼儿各方面的发展情况插入到各个议题之中，点名表扬发展好的幼儿，不点名地批评幼儿身上的一些不良现象，请家长帮助纠正。而小组家长会则是把全园或全班家长按一定的标准分成若干个小组，召开会议，以利于取得更好的指导效果。例如，按孩子的发展水平分组，按孩子的兴趣爱好或特长分组等。开会前，把家长的名字与开会的时间、地点，工整地写在园门口"家园联系专栏"的黑板上，这样，家长一进园就能看到，有利于产生责任感、荣誉感，穿戴整齐，准时到会。小组家长会，开会的人数不多，话题比较集中，大家都有发言的机会，能各抒己见，畅所欲言。

幼儿教师要有意识地注重家长会的作用，因为这个作用一旦发挥出来，效果肯定是很大的，它能触动家长更好地配合幼儿园的工作，受益的是幼儿、幼儿家长和幼儿园三方。有的教师没能认识到家长会的作用，对家长会工作不重视，更加不重视家长会文案的撰写。教师对家长会不抱希望，幼儿园要求开就开，不去努力开出较好效果，只是成为幼儿园的传声筒，仅对幼儿园的工作任务起到一个上传下达的作用，这样就很不好。家长会没有创意、不够真诚甚至是没有目标，这样的家长会失去了家长会应有的意义，仅仅是幼儿园工作必需的一个步骤或过程，对教师、对家长来说都是一种折磨，因此，还是要重视家长会工作和家长会文案的撰写。

2. 家长开放日

什么是幼儿园家长开放日？《幼儿教育百科辞典》指出，家长开放日就是"托儿所、幼儿园定期或不定期邀请家长来园、所的参观教育活动。如让家长观看上课、游戏、幼儿作品展览等，促使家长增进对托儿所、幼儿园工作的了解；在与同龄儿童的比较中，了解自己子女的水平；学习幼儿教育的方法；体验教师工作的辛苦等"[①]。《教育大辞典》（第 2 卷）指出，幼儿园家长开放

---

① 祝士媛、唐淑. 幼儿教育百科辞典 [M]. 上海：上海教育出版社，1989：28.

日就是"幼儿园定期或不定期邀请家长来园参观教育活动日。如让家长观看上课、游戏、幼儿作品展览或进行半日参观活动。可增进家长对幼儿园工作的了解；在与同龄儿童的比较中，了解自己子女的发展水平；了解并学习幼儿园教师的教育方法和教育艺术"[①]。

在法国，为了更好地实施幼儿教育，强调幼儿园必须向家庭开放，并与之建立和保持彼此信赖的关系，以此来充分发挥家庭在幼儿教育中的特殊作用。[②] 这充分说明了家长在幼儿教育中的重要性。而在我国，为了吸引家长参与幼儿园的教育活动、了解幼儿在园情况，幼儿园每学期都会为家长举行一两次独特的开放日活动，可以是全天开放日活动，也可以是半天开放日活动。幼儿园开展家长开放日活动既有利于教师的成长，也有利于家长的成长，更有利于孩子的成长。

在幼儿园家长开放日活动中，教师不仅要扮演好设计者、组织者、指导者和评价者的角色，还要扮演好沟通者、合作者、分享者和研究者的角色，这就需要教师不断学习教育理论，更新教育观念，反思教育实践，提高与家长交往的科学性和艺术性。[③] 幼儿园家长开放日活动的开展给了教师压力的同时，也给了教师成长提高的动力，促进教师的专业发展。

幼儿园家长开放日活动对家长而言，有益于家长更好地教育子女。定期开展家长开放日活动，让家长走进幼儿园，真实感知孩子们在活动中的表现，能帮助家长客观理智地发现孩子的长处与不足，客观、公正地评价孩子，对孩子展开有针对性的教育。家长在观察各种集体教育活动时，对比同龄幼儿的行为和能力，从不同侧面认识自己的孩子，能更客观地分析和改进家庭教育。开放日活动还可以帮助家长认识到幼儿教育的重要性，树立正确的教育思想，创设良好的家庭教育环境，提高科学教育幼儿的素质和水平。

家长开放日活动是教师和家长交往的重要途径，为教师和家长形成和建

---

① 教育大辞典编纂委员会. 教育大辞典（第2卷）[M]. 上海：教育出版社，1990：172.
② 何茜. 国外幼儿园课程改革的基本经验与发展趋势 [J]. 比较教育研究，2012（5）.
③ 李生兰. 幼儿园家长开放日活动的研究 [D]. 上海：上海师范大学，2007：8.

立良好的关系奠定了基础。而良好的教育伙伴关系的建立又有助于教师工作的顺利展开，因此，通过家长开放日，教师和家长能加深彼此的了解和认识，对幼儿的发展会更有益处。

3. 家长沟通中的幼儿评语

幼儿评语是幼儿教师根据幼儿在园的品德、生活习惯、学习等的基本表现，通过家园联系手册或幼儿发展单等多种形式，对一定时期内幼儿总体发展情况的总结和评价性语言。它对幼儿今后的教育有着非常重要的影响。

幼儿评语按时间分类，可以分为每天评语、每周评语、每学期评语及每学年评语。根据幼儿园的具体要求，教师可以有针对性地撰写幼儿评语。

从作用上看，幼儿评语是家园沟通的桥梁和纽带，是家长全面了解孩子在园各方面情况的重要途径。幼儿家长都希望能通过教师撰写的评语看到自己的孩子在幼儿园学习、生活、交往及发展的状况。教师撰写的好的评语也是幼儿园向家长、社会展示良好形象的契机。幼儿评语饱含着教师对孩子深深的爱和深入的了解，也饱含着教师对孩子的殷切希望，它可以带给孩子自信和激励，带给家长指导和帮助。因此，幼儿评语，尤其是有效的幼儿评语，对于幼儿园、教师和家长来说都很重要。

二、家长工作类文案的特点

1. 把握对象——家长

家长工作类文案的撰写要牢牢把握住其工作对象——家长。撰写文案和开展工作都要从家长的角度来思考和策划，教师的态度要积极、认真、热情，只有这样才能带动家长积极参与到幼儿园家长活动中来。

在撰写家长工作类文案时教师要考虑到写作受体即家长的需要、感受，写作语言应通俗易懂，态度真挚诚恳，在写作时不能以自己是幼儿教育方面的"权威"或"专家"自居，否则会引起家长的反感，不好好配合教师的工作，甚至不再参加幼儿园开展的家长工作。所以，幼儿教师在撰写家长工作类文案时要注意多站在家长的角度考虑幼儿园家长工作的开展。

2. 围绕中心——幼儿

幼儿园开展家长工作的目的是为了家园合作共育，为了幼儿能更加健康地成长。因此，幼儿教师撰写家长工作类文案时就要紧紧围绕教师和家长共同关心的话题——幼儿来进行。教师在撰写家长开放日活动策划方案或家长会的活动组织安排以及幼儿评语时，都要想着始终围绕幼儿这一中心议题来展开，就家长关心的幼儿在园表现、进步、存在的不足等向家长尽可能全面地展示，详实地展现幼儿在园的各方面情况。

3. 达成目标——共育

家长工作类文案的写作目的是争取家长对幼儿园工作的支持，以实现促进幼儿各方面协调发展的目标。因此，教师在撰写家长工作类文案时要考虑合作共育的目标，充分调动自身和家长的积极性。家园合作要求教师、家长和幼儿三者的共同参与，积极利用家园合作的其他途径，如家长委员会、电话交流、家长园地以及网络沟通平台，如 QQ 群、QQ 空间、博客、微信等的充分利用，都可以帮助教师与家长的互动、交流。这些途径，尤其利用网络沟通渠道，更能体现沟通交流的便利性和快捷性。因此，教师在撰写家长工作类文案时既要考虑家长的接受程度和参与的积极性，又要考虑通过这些活动是否能促进家长教育观念的转变，让幼儿最终获益，促进幼儿的持续良性发展。

第二节 家长会工作文案的撰写

一个母亲与家长会[①]

刘燕敏

第一次参加家长会，幼儿园的老师说："你的儿子有多动症，在板凳上连三分钟都坐不了，你最好带他到医院看一看。"

[①] 转自：http://www.thn21.com/Article/shan/31166.html

回家的路上，儿子问她老师都说了些什么，她鼻子一酸，差点流下泪来。因为全班30位小朋友，唯有他表现最差；唯有他，老师表现不屑。然而，她还是告诉她的儿子："老师表扬你了，说宝宝原来在板凳上坐不了一分钟，现在能坐三分钟了。其他人的妈妈都非常羡慕妈妈，因为全班只有宝宝进步了。"

那天晚上，她儿子破天荒地吃了两碗米饭，并且没让人喂。

儿子上小学了。家长会上，老师说："全班50名同学，这次数学考试，你的儿子排第49名。我们怀疑他智力上有些障碍，你最好能带他去医院查一查。"

回去的路上，她流下了泪。然而，当回到家里，看到诚惶诚恐的儿子，她又突然想起第一次参加家长会的情景，便振作起精神，对坐在桌前的儿子说："老师对你充满信心。他说了，你并不是个笨孩子，只要能细心些，会超过你的同桌，这次你的同桌排在第21名。"说这话时，她发现，儿子原本黯淡的眼神一下子充满了光，沮丧的脸也舒展开来。

第二天上学时，儿子去得比平时都要早。

孩子上初中了，又一次家长会。她坐在儿子的位子上，等着老师点她儿子的名字，因为每次家长会，她儿子的名字在差生的行列中总是被点到。然而，这次却出乎她的意料，直到结束，都没听到。她有些不习惯。临别，去问老师，老师告诉她："按你儿子现在的成绩，考重点高中有点危险。"她怀着惊喜的心情走出校门，此时她发现儿子在等她。路上她扶着儿子的肩膀，心里有一种说不出的甜蜜，她告诉儿子："班主任对你非常满意，他说了，只要你努力，很有希望考上重点高中。"

孩子高中毕业了。一个第一批大学录取通知书下达的日子，学校打电话让她儿子到学校去一趟。她有一种预感，儿子被清华录取了，因为在报考时，她对儿子说过，她相信他能考取这所学校。儿子从学校回来，把一封印有清华大学招生办公室的特快专递交到她的手里，突然转身跑到自己的房间大哭起来，边哭边说："妈妈，我一直都知道我不是个聪明的孩子，是您……"

这时,她悲喜交加,再也按捺不住十几年来凝聚在心中的泪水,任它打在手中的信封上。

这个故事令人深受触动。站在母亲的角度,毋庸置疑,这位妈妈真是一位伟大的母亲,是她造就了儿子,用她的鼓励扬起了孩子希望的风帆,为孩子插上了自信的翅膀;用她的鼓励让孩子拥有了学习的动力、成功的快乐,创造了一个伟大的奇迹。但是,站在教师的角度,我们的教师在家长会上都说了些什么、做了些什么呢?教师又扮演了怎样的角色呢?教师在说、做、演的过程中,是否考虑到自己在家长会上的讲话对家长和孩子的影响会是怎样的呢?这些都应该引起我们的重视和深思。因此,幼儿教师在召开家长会之前一定要做好充分的准备工作,尤其在撰写家长会的文案时应该认真、慎重,避免因为一些失误,甚至是错误,对幼儿和幼儿家长造成深远的不良影响。

一、家长会工作文案的特点

1. 目标明确在心

教师应该思考召开家长会的目标,在目标明确的前提下,围绕主要目标,确定一个合适而鲜明的议题,并根据议题,将目标细化为几个小的目标,通过不同的环节或活动形式逐步达成分级目标,最终达成整个家长会的目标。在目标明确的情况下,想清楚自己召开会议想要达到的效果,然后将自己的想法按照细小目标,分步骤写出来。在撰写家长会工作文案时,教师要避免形成权威的氛围,避免过多使用专业名词或理论术语,尽量用家长们明白易懂的语言进行表述。总之,明确目标、选定议题、设计环节、斟酌语言都是为了更好地完成召开家长会的目的。

国外学者 Eugenia(2004)将家长会的目的归结为:教师和家长共同努力,寻找最适合孩子的教育,共同为孩子接下来一年的发展制定目标;家长和教师都把这作为为孩子的教育明确目标和方案、寻找策略和途径、形成合作关系的极好机会。[1] 实际上，家长会确实是因为要解决问题，达成目标而召开的。家长会的作用就是解决实际问题，如果家长会开得很表面化，形式单一，而且每次家长会若不能及时解决一些问题的话，时间长了，家长就会对家长会产生反感与抵触心理，这样，就难以达到教师召开家长会的目的。所以，教师在撰写家长会工作文案时，一定要有明确的解决问题的目的意识，并在家长会活动过程中体现出来。

2. 形式活泼多样

家长会的形式应尽量活泼生动一些，如果仅仅是教师的一言堂，仅仅是教师向家长汇报近期班上的教学内容、本班幼儿掌握的情况、家长需要配合协助的工作以及向家长提出要求等，侧重的是幼儿园的教育，都只是幼儿园向家长单方面在传递信息，而家长的想法、需求、困惑、孩子在家的与在园的表现是否一致等，这些家园合作共育的主旋律却没有显示出来，家长就容易丧失参加家长会的热情和积极性。

21世纪的新时代背景下，家长会也应该多种多样。下面这些新型家长会的形式[2]可供幼儿教师有选择地使用。

交流式：就教育中的共性问题进行理论探索，或做个案分析，或开经验交流会。

对话讨论式：就一两个突出的问题进行亲子、师生、教师与家长的对话。

展示式：展览幼儿的作业、作品、获奖证书或幼儿现场表演等，让家长在班级背景中了解自己的孩子。

专家报告式：就幼儿入学后某个阶段或某个共性问题，请专家作报告并现场答疑，以提高家长的教育素质。

联谊式：教师、家长、幼儿相聚在一起，用表演等欢快的形式共同营造和谐的气氛，增进感情和了解。

参观游览式：幼儿、家长、教师一同外出参观游览，在活动中发现问题，

---

[1] 转引自陶芳. 幼儿园家长会的研究［D］. 华东师范大学，2011.
[2] 王均芬. 家长会，怎么开？［C］. 全国教育科研"十五"成果论文集（第五卷），2005.

促进沟通。

另外，还可以尝试其他新的形式，如通过录像播放平时拍摄的幼儿在园活动场景；以抽签的方式抽取题目，进行分组讨论；列出生活中常见的案例，引发家长讨论，进行案例分析。通过这些新颖的形式，充分调动起家长参与的热情。①

因此，教师在设计家长会文案时，应该结合会议的主题和目的考虑不同的形式让家长更好地参与，更好地发挥家长会应有的作用。

3. 信息反馈及时整理

家长会的后续工作与会议本身同样重要。但是，会后的资料收集与反思却是许多教师所忽略的。会议结束后，教师应该马上填写一份详细记录会议信息的会议摘要。要重视家长对会议的看法和感受，以及相应的建议，将家长会中教师的发言、家长反馈的信息等收集起来，进行归纳和整理，并分析当次家长会的影响因素、成败得失，反思家长会上显露出的幼儿教育问题，这些都有助于教师以后更好地开展家长工作，更好地促进幼儿发展成长。有些幼儿教师应园长的要求，每学期都开家长会，每次开完之后就完成了任务，不再理会家长的想法，这样的家长会流于形式，失去了它应有的意义。重视家长的反馈信息，及时收集、整理、归纳，才能真正发挥家园合作的功效。因此，在撰写文案时，如能预留一部分空间，用来撰写家长们的反馈信息，并对此加以分析，评价家长会的效果和改进策略，则效果会更好。

二、家长会工作文案的写作要点及示例

1. 写作要点

家长会工作文案主要涉及三个部分，即开场白、家长会的主要议题内容和结束语三大部分。

第一部分是开场白。通常较为简单，主要是幼儿园教师对与会的家长表

---

① 许丽萍. 调动家长参与家长会的热情[J]. 幼儿教育，2004（7、8）.

示欢迎，表达对家长支持教师工作的感谢。

第二部分是家长会的主要议题内容。这部分是家长会的重要部分，又可大致分成三个部分。第一部分主要是本班基本情况的介绍，如教师基本情况介绍，幼儿基本情况介绍。如果是新生班，更要着重介绍教师的姓名、工作简历等。第二部分，是围绕家长会的中心议题，进行详细的介绍和说明。第三部分，是对家长配合幼儿园工作提出的要求和希望。

第三部分是结束语。通常也比较简单，首先教师要对会议内容和目标进行简要的回顾、概括，以加深家长的印象；其次，再一次表达对家长参与会议的感谢，以及对家长和幼儿的祝福。

事实上，在具体撰写家长会的文案时，所涉及的内容不仅仅局限于会议现场展现的开场白、家长会的主要议题内容和结束语三大部分，而是包括家长会的日期、地点、目的、主持人、参加者、家长会的具体实施环节、家长会活动效果的评价等在内的更为细致完整的部分。

家长会活动方案

2013年3月15日（星期五）晚七点，××幼儿园大二班教室。

一、目的

让家长了解孩子，从不同的角度欣赏孩子的闪光之处，从而配合教师教育。

通过家长会，让家长、教师之间互相交流教育孩子的方法和体会。

二、主持人：班主任

三、参加人员：全体家长、教师

四、实施过程

（一）致欢迎词

尊敬的各位家长：

大家晚上好！我代表大二班的保教老师及孩子们对你们的到来表示热烈的欢迎和诚挚的谢意！欢迎大家走进我们××幼儿园大二班这个大家庭。

因为孩子，我们又一次坐在了一起。首先请允许我代表大二班全体教师，感谢各位对我们工作的大力支持。你们能从百忙之中抽出时间来参加我们这次家长会，说明大家对自己的孩子都十分关心。是啊，哪一位家长不望子成龙、望女成凤？又有哪一位教师不希望自己的学生有出息呢？既然家长、教师、幼儿园都有一个共同的愿望，那就让我们携起手来，同心协力，把你们的孩子——我们的学生教育好！

我们召开这次家长会，主要目的是想同在座的各位家长共同探讨如何做好家庭教育，怎样从不同的角度欣赏孩子的闪光之处，从而配合教师教育。让我们的孩子在幼儿园、在家都能受到最好的熏陶。

（二）向各位家长介绍本班的教师

（三）各位教师发言

（四）家长代表发言

（五）对家长的几点要求

1. 要尽可能多花时间陪陪孩子，一方面了解孩子的行为习惯，监督孩子的学习，另一方面也可以让孩子感受到你对他的关心和爱护，增进你和孩子的感情。

2. 要与孩子多交流沟通，了解他的内心想法和各方面的要求，包括学习和生活上的。

3. 平时尽可能地和教师取得联系。每一位家长都希望自己的孩子将来有出息，所以家长和我们的心愿都是一致的。但孩子的教育不能仅仅靠教师和幼儿园，因为现在的教育是幼儿园、家庭和社会三位一体的教育。经常与教师取得联系才能对孩子有针对性地进行教育，能让您的教育更有效。

4. 要重视孩子的个性品德教育。俗话说："要成才，先成人。"孩子现在正是个性、品行的塑造期，这时候家长一定要多引导孩子，多给孩子做示范，培养孩子的良好个性品德。

五、会后评价

此次会议，家长的参与热情较高，气氛融洽，基本达到了家长会召开的目的。

2. 示例与评析

【示例】[①]

一、会议准备

1. 将班级课桌和椅子排成方形，形成平等的氛围。
2. 班级进行布置，形成简单、温馨的氛围。
3. 印发教师精心设计的互动问题。

二、会议开始

师：各位家长你们好，很有幸能邀请您参加我们大（4）班的家长会。会前我们已经将本次家长会上要讨论的问题印发给各位家长了。这些问题既是我们关心的，也是各位家长关心的。希望我们一起度过这难忘的时刻，愿这次家长会能增进我们彼此的了解，更好地教育好我们可爱的孩子们。

教师介绍本次家长会的内容和形式（略）。

师：为了增强本次家长会的有效性，我们精心设计了一些家长普遍比较关心的问题，等待您的高见。

（一）大屏幕出示教师设计的一些题目

1. 你的孩子几点钟起床？几点钟睡觉？这个年龄的孩子在园时间是多少？
2. 孩子的爱好是什么？对什么最感兴趣？你是怎样培养孩子的兴趣的？
3. 你如何做好孩子的衔接工作？你的孩子会关心他人吗？请举例说明。
4. 春天到了，你带孩子出去踏青了吗？
5. 如何增强孩子的自尊心？
6. 如何培养孩子的良好习惯？
7. 如何教孩子勇敢地面对挫折？
8. 如何培养孩子的独立意识？
9. 孩子任性，父母应该怎么办？

[①] 陈艾丽. 一次别开生面的家长会 [J]. 科学教育, 2008 (5).

10. 你是如何为孩子选择图书的？

11. 你关注过留守儿童吗？

12. 家长对我园、我班教师有什么要说的话？

13. 如何善待孩子的谎言？

形式上教师也在以往家长会的基础上进行了改变。采用"击鼓传花"的传统游戏，看鼓停花落谁家，就请这位家长就其中的某一个问题与在座的各位家长交流，共享他的家教成果。（家长鼓掌，有的家长胸有成竹，有的家长显得不太自信）

（二）击鼓传花环节

（击鼓）（花落）家长发言：我的孩子早晨 6:40 左右起床，晚上 7:30 左右开始睡觉。在园时间我没有计算过，我们工作忙，基本上都是奶奶接送的（他笑，众人也笑）。

（击鼓）（花落）家长发言：我的孩子比较喜欢画画，我们有空就带他看一些画展，让他从小接受一点艺术熏陶。孩子喜欢给我们画像，我们也乐意做模特。画拿给我们看，我们都是夸他画得很好，孩子兴趣很浓。现在我们也给孩子请老师，在假期里学画画，孩子很有长进。

师评：这位家长做得很好。可能大家听过爱因斯坦在手工课上制作小板凳的故事，第三只就比第一只好多了。如果我们能认识到这一点，多加赏识孩子，对激发孩子的兴趣是非常有益的。

（击鼓）（花落）（家长发言）……

（三）互动交流环节

师：刚才各位家长参与游戏非常投入，交流的话题也非常有价值。当然，还有不少家长对孩子成长方面还存在一些困惑，我们无法一一罗列出来。下面的时间，我们就想请家长提出问题，让我们一起讨论，好不好？（家长点头同意）

家长$_1$：暑假里孩子喜欢看少儿频道的电视节目，往往一看就是几个小时。我们也不知道该允许还是阻止。请各位帮我们想想办法。谢谢！

家长₂：我看关键是家长要做好引导。孩子完成学习任务的情况下，看一些电视是可以拓宽视野，增长见识。但是要控制好时间，注意坐姿等。

家长₃：我们都在外打工，孩子随爷爷奶奶生活在一起，平时我们对孩子了解甚少。我建议幼儿园能否在网站上及时发布一些信息，让我们在外打工也能了解孩子的有关情况。

教师小结：这位家长的建议很值得我们考虑。我们平时工作中往往忽视了与在外工作的家长的联系，使家长不能及时了解孩子的在园情况。我们学校正有这方面打算，想充分运用网络的优势，与家长建立起沟通了解的平台。各位家长如果有兴趣的话，不妨到我的博客中看看，那里可能有你需要的信息。真诚地希望我们能够架起一座沟通的桥梁……

三、会议结束

家长代表发言：这次家长会开得别开生面，没想到能一下子把我们家长的兴趣激发出来。请允许我代表各位家长向各位辛勤培养我们孩子的老师道一声"谢谢"。

教师代表发言：感谢各位家长的热情参与。教育孩子，离不开您的支持，让我们以此次会议为契机，加强沟通，使我们的服务让每一位家长满意。再次感谢各位家长的参与，今天的家长会到此结束。（家长显得意犹未尽）

四、会后反思

这是我园大（4）班最近召开的一次家长会，给人耳目一新之感。以往的家长会形式上多是教师讲，学生家长听；内容上则是些很琐碎的注意事项，家长会开得索然无味，难怪很多家长都不愿意参加这样的家长会，就连教师面对众多的家长也显得紧张脸红。如何开成让家长和教师都乐意参加的家长会呢？大（4）班在这方面进行了有益的探索。此次家长会无论在内容上还是形式上都非常有创意。不难看出，这些问题也是教师精心准备好的，既包括保育、教育方面的，又包括社会关注的热点问题。既具有现实性，又具有长远性。他们尝试着用"击鼓传花"的游戏，吸引家长主动介入。花传给哪位家长，哪位家长就提供的问题中的一点谈谈自己的看法，使家长的主体性在这次会议上得以实现，大大激发了学生家长的参与热情。

由此可见，家长会作为教师与幼儿家长沟通的平台，教师在设计内容时应该多从家长角度考虑，想家长所想，急家长所急；形式上也要活泼点，这无疑能将家长和教师的距离拉得更近。

【评析】

家长会工作文案的撰写，既有会议前的文案写作，也有会议后的文案写作。案例中的文案实际上是召开家长会之后的整个会议记录。因此，有些内容，如会议召开的时间、地点等有所省略。整个文案写作，从形式上来看，是较为新颖的；从结构上看，也是较为合理的；从气氛来看，会议效果比较好。稍显不足的地方是活动的议题、目的等不够明确，有些流于形式。但如果是会议之前的文案写作，涉及对召开家长会整个活动流程的安排与设计，就需要明确写清召开家长会的具体时间和具体地点，甚至是各个环节的时间等都能有所考虑则更为妥当、合理。

第三节　家长开放日工作文案的撰写

一、家长开放日工作文案概述

现在，越来越多的幼儿园开始重视家长开放日活动，把它作为家园联系的窗口，让更多的家长认识教师的工作，了解自己孩子的在园情况。但有些教师对幼儿园家长开放日活动方案的撰写却是一团糟，或是根本就不撰写，随便安排几项活动就成，导致活动对家长的吸引力明显不足，失去家长开放日活动应有的作用和价值。

家长开放日，是幼儿园偏重于从实践方面来指导家长的一种重要形式。幼儿园可定期邀请家长来园参观，参加园内的活动，能够增进家长对幼儿园教育工作的感性认识，了解教育内容，掌握教育方法，体会到教师工作的艰辛，更尊重教师，对孩子也更有耐心。家长在观察幼儿集体活动时，也能从不同的侧面认识自己的孩子，发现孩子与同伴的差异，看看孩子是否比以前有进步，帮助孩子发扬优点、克服缺点，进一步改进家庭教育。

幼儿园也可不定期地对家长开放，把来园观看活动的主动权下放给家长，让他们根据自己的时间和需要选择和安排，再提前与带班教师预约。教师也应要求家长不干扰班级的正常教育教学活动。例如，在教学活动中，当教师提出问题后，家长不可强求自己的孩子举手发言，不把问题的答案直接告诉孩子等。

定期的针对全班家长开展的家长开放日，教师在撰写活动方案时应注意几个要点：

1. 目的明确

幼儿园开展家长开放日活动时总有一定目的，比如通过家长开放日活动的开展增强幼儿园、教师、家长之间的沟通和了解，让家长走进校园、走进课堂，了解幼儿园的管理和发展趋势，了解幼儿园课程设置和改革动向，使家长能更好地配合幼儿园，共同关注孩子的健康成长。通过家长开放日活动的开展，幼儿园可充分发挥自身教育的辐射作用，争取社会各个方面对幼儿园管理的理解和支持，协调好幼儿园教育与家庭教育的关系，进一步推进幼儿教育更好地发展。或是通过家长开放日，让家长了解幼儿教师的工作，认同幼儿教师的工作，以更好地配合教师，更好地教育引导自己的孩子。

总之，在撰写家长开放日活动方案时，教师要明确活动的目的，这样才能使方案更有针对性和指导性。

2. 主题鲜明

家长开放日活动方案应该有一个主题，表明工作的主要思想和重点。例如，中秋节活动方案，重阳节活动方案，"为了孩子的明天，让我们共同携手"等都是不错的主题。

3. 内容丰富

家长开放日活动方案要写明具体的活动内容，注重活动内容与幼儿的生活经验、现实世界的结合，体现活动内容的综合性和整体性，这样不仅能调动幼儿学习的主动性、积极性，促进幼儿知识、能力、情感、态度的和谐发展，也能调动家长的积极性和参与度，更好地配合幼儿园工作。

另外，要写清楚活动前的准备工作、要开展哪些活动、活动中家长如何参与等等。

4. 形式合理

内容要通过形式来体现，因此在撰写家长开放日活动方案时，教师选取的形式应多样合理。但是，目前我国幼儿园家长开放日活动的形式还比较单一，主要以教学活动为主。李生兰的问卷调查以多选题的形式询问幼儿园教师："您班级家长开放日活动与平时活动相比，主要活动形式是什么？"通过对 300 份问卷答案的统计，他们发现大多数教师（235 人次）选择"教学活动"作为开放日活动的主要形式，接着是"游戏"（152 人次）、"区角活动"（113 人次）、"生活活动"（105 人次）和"体育活动"（79 人次），只有约 10% 的教师选择了"自由活动"（39 人次）、"参观活动"（38 人次）及"其他"（26 人次）。可见，现阶段幼儿园家长开放日活动的主要形式仍是教学活动。[①]

幼儿园一日生活丰富多样，包括教学活动、游戏活动、生活活动、区角活动、体育活动等，因此，教师在设计家长开放日活动方案时，应根据家长开放日当天的目的，选择多样而合理的形式开展，使家长开放日活动更丰富多彩。

5. 结构清晰

文案写作时，基本的文案结构一定要有而且要清楚明白，因为文案的结构在活动中的体现就是活动过程的流畅与否。文案结构清晰，主要分成哪几个大的部分，每个大的部分又分成几个小的部分，每部分要注意什么，注意事项的撰写要清楚明白，否则在活动过程中出现混乱或者冷场的情况，就不好了。

---

① 李生兰. 家长开放日活动形式与内容的现状研究 [J]. 幼儿教育，2007 (10).

撰写家长开放日活动方案还是要根据幼儿园的实际来，不要轻易减少活动，更不要无中生有，否则就可能弄巧成拙。撰写一份合理优秀的家长开放日活动方案，使活动丰富多彩是教师永远的追求。

二、家长开放日工作文案的写作要点及示例

（一）写作要点

1. 活动主题

家长开放日工作文案的写作应该围绕活动的目的来选定一个鲜明的主题，如围绕保护环境，可以确定主题"我是环保小卫士"。

2. 活动目标

家长开放日活动要围绕一定的目标进行，在策划具体的活动时就要制订相应的目标，使教师在开展活动时心中有数，保证活动按照预期的设想和环节顺利开展。例如，以"我是环保小卫士"为主题可设计如下活动目标：

（1）通过幼儿园日常活动中相关环保教育内容的呈现，引导幼儿关注生态环境，增强环保意识。

（2）让家长通过参与、参观，全面了解幼儿在园的发展，引导家长在家配合培养幼儿的环保意识。

3. 活动时间和地点

家长开放日活动文案的撰写一定要写清楚时间和地点，在通知家长时也应该明确告之何年何月何日，上午还是下午，具体到几点几分，都要写清楚。另外，还要注明地点，是在孩子所在的班级教室，还是在幼儿园的功能室如音乐室、科技室或是操场等，必须明确注明以方便家长按时参加活动，准确找到活动地点。例如，2013年10月5日上午8:00—11:00，某某幼儿园大三班教室。

4. 活动安排

撰写家长开放日活动方案，活动内容与形式都体现在具体活动安排中，因此，教师应根据活动目的，合理地安排活动内容。以下举例来说明幼儿园家长开放日的活动安排。

<h3 style="text-align:center">幼儿园 2013 年庆六一家长开放日活动方案①</h3>

一、活动主题：我是环保小卫士

二、活动目标：

1. 通过幼儿园日常活动中相关环保内容的呈现，引导幼儿关注生态环境，增强环保意识。全面展示幼儿本学期在园期间五大领域的发展状况，让每位幼儿体验节日的快乐与成功的喜悦。

2. 锻炼全体教师的组织能力和表现能力，提升教师的分享合作意识和环保意识。

3. 让家长通过参与、参观，全面了解幼儿在园的全面和谐发展，引导家长配合幼儿园在一日活动中培养幼儿的环保意识。

三、活动时间：2013 年 5 月 31 日上午 8:00—10:00

四、活动安排：

1. 我运动，我健康（户外前院 30 分钟）

（1）教师韵律操展示。我们的团队是一个朝气蓬勃的年轻队伍，通过动感十足的韵律操展示教师的青春活力，培养年轻教师的专业气质和团队合作能力。

（2）幼儿轻器械操展示。幼儿手中的器械全部为教师利用废旧物品或幼儿园现有材料自制而成，既培养了教师的创造性和动手能力，又增强了全体师生的节约意识。通过队列队形、基本操节和活泼有趣的操后游戏，达到让每个幼儿动作全面提升发展和增强身体素质的目标。

2. 我展示，我成长（各班活动室 40 分钟）

（1）幼儿诵读活动展示。通过诵读、表演环保或节日方面的诗歌和经典诵读，展示幼儿良好的阅读习惯和良好的阅读姿势，营造良好的阅读氛围。

（2）幼儿音乐活动展示。通过展示欢快活泼的律动 1 个、音乐游戏 1 个、

---

① http://www.3lian.com/zl/3lian/20/2013/05—22/32cae8ce8bba02f7f7f8c521628d6d1f.html

演唱优美动听的歌曲2首,让幼儿体验节日的快乐。

(3)教师图画书讲述展示。展示1位教师图画书讲述的精彩,为家长提供讲述图画书的示范。

(4)带领家长学习、了解《指南》。宣读《济南市学前教育宣传月致幼儿家长的一封信——让爱走得更远》,引导家长积极参与学习《3—6岁儿童学习与发展指南》。

3. 我动手,我快乐(幼儿园室内外30分钟)

(1)教师自制玩教具展示。全体教师在寒假休息时间利用废旧物品或简易材料为幼儿自制了大量玩教具,充分展示教师的专业素养和环保意识。

(2)亲子艺术作品展示。在各班教师的倡导下,每班选择一到两种废旧物品,经过家长和孩子的共同创作,制作一件艺术品展示在各班活动室。

(3)幼儿美术作品展示。幼儿最佳泥工作品、手工作品、绘画作品分别展示在各班作品栏和美工区,呈现孩子在美术创造和表现方面的成长与进步。

(4)开心农场成果展示。请家长参观幼儿园后院"开心农场"的种植物,请幼儿当向导为家长讲述自己参与种植、管理和观察活动的小故事,让幼儿体验主人翁的成就感,让家长了解幼儿园组织"开心农场"种植活动的过程,体会教师组织幼儿种植活动的乐趣和辛苦。

备注:教师图画书讲述比赛活动、幼儿轻器械操比赛、合唱和律动比赛、诗歌表演和经典诵读比赛、幼儿美术作品和亲子艺术作品自制比赛、"开心农场"种植星级评价、教师韵律操学习等相关活动,均安排在日常工作中。结合日常教育教学工作准备庆六一活动展示内容,尽力做到庆祝活动不突击、不走形式,做到循序渐进、科学有序。

(二)示例与评析

1. 全园活动方案

第六章 家长工作类文案的撰写

【示例】

2006年度第一学期T幼儿园对家长开放半日活动方案[1]

活动目标：

1. 通过幼儿的半日活动展示，使幼儿［家长］了解孩子在幼儿园的发展情况，并关注同年龄阶段平行孩子的发展情况。

2. 帮助、指导家长积极参与到幼儿教育活动中来。

活动时间：2006年6月13日上午7:30—11:30

活动过程：

一、准备阶段

1. 以集体备课的方式设计各班半日活动计划。

2. 创设与本次活动相适应的环境。

3. 向家长发放活动通知单（活动时间、内容）。

4. 总、分部做好欢迎家长的黑板。

5. 发放家长问卷。

二、活动当天

1. 各班向家长开放半日活动。

各班按照幼儿园作息时间进行活动。

注：7:30 以后家长问卷

7:30—8:30 区域活动

8:30—9:15 运动活动

9:15—9:30 生活活动

9:30—10:30 学习活动

10:30—11:00 游戏活动

11:00—11:30 生活活动（午餐）

11:30以后 家长对本次活动反馈意见

---

[1] 李生兰. 幼儿园家长开放日活动的研究［D］. 上海：上海师范大学, 2007：99—100.

2. 在半日活动中，为方便家长观摩，各班教师应安排好各活动时间的家长座位（为保障幼儿运动安全，请家长在各走廊、底楼观摩运动活动）。

3. 在学习活动前，请执教教师向家长介绍本次学习活动的设计意图及目标，使家长能进一步了解"二期课改"对幼儿发展的要求。

4. 各班做好活动当天家长签到、反馈记录等。

5. 具体活动安排（略）。

【评析】

这个全园活动方案具有如下几个特点：[①]

从"活动目标"来看，两大目标都是以家长为中心来设置的，重在帮助家长了解孩子、参与教育，这是值得肯定的。不足之处在于："展示"一词的使用；"幼儿"一词的打印错误（应为"家长"）；误导家长对孩子进行横向比较。

从"准备阶段"来看，准备工作是比较细致的，既包括班级的活动设计和环境布置，又包括向家长发放通知单和问卷、做好欢迎家长的黑板，这是值得肯定的。不足之处在于：没能吸纳家长参与到集体备课和环境布置中去。

从"活动当天"来看，整体的布局是比较规范的，要求各班按照幼儿园的作息时间，向家长开放半日活动；环节的安排是比较全面的，要求各班做好家长的签到工作，摆放好家长的座位，向家长介绍学习活动的目标，记录好家长的反馈，这些都是值得肯定的。不足之处在于：把家长置于旁观静坐的"死角"，只能"在各走廊、底楼""观摩"孩子的一些活动，这样家长就会处在完全被动的服从地位，而难以萌发主人翁的意识，积极地参与到幼儿园的活动当中去。

2. 年级活动方案

【示例】

中班幼儿英语卡拉 OK 比赛暨中班对家长开放半日活动活动方案[②]

一、活动名称：中班幼儿英语卡拉 OK 比赛

[①②] 李生兰. 幼儿园家长开放日活动的研究 [D]. 上海：上海师范大学，2007：100－102.

二、活动目的：

1. 激发幼儿对英语活动的兴趣，为他们的自主表达提供舞台。

2. 让家长了解并参与幼儿的活动，为家园之间的沟通搭建桥梁。

三、参赛对象：中班全体幼儿

四、活动步骤：

第一步：准备阶段——各班幼儿报名，准备参赛曲目。

第二步：比赛阶段——各班幼儿进行表演与比赛，由家长、教师担任评委评选出奖项。

第三步：决赛阶段——选出的节目将继续排练参加园卡拉OK比赛。

奖项设置（暂定）：

项　目	说　明
卡拉OK奖	各班选出得分最高者一名或一组
最佳独唱奖	个人表演中得最高分者
最具潜力奖	除已获得奖项幼儿外参赛者均获得此奖

五、评价标准：

1. 评委安排。

家长评委：中班各班全体家长担任评委。

教师评委：各班教师担任自己班级评委。

2. 评价标准。

（1）评价项目与分值见附表。

（2）评价最终结果由教师统计。

六、比赛程序、时间、地点安排

班级	时间	地点
中一班	2006-5-26 下午	多功能厅
中二班	2006-5-30 上午	多功能厅
中三班	2006-5-29 下午	多功能厅
中四班	2006-5-29 上午	多功能厅

附录：

1. 活动通知
2. 具体工作安排表
3. 活动评分表
4. 主持人台词
5. 活动报名表
6. 活动奖项、小奖品

【评析】

这个年级活动方案体现了以下几个特点：[1]

从"活动名称"上看，比较新颖、有趣，把枯燥的英语学习活动与有趣的卡拉OK比赛有机地联系在一起。

从"活动目的"上看，比较全面、具体，既有对幼儿兴趣激发的要求，也有对家长参与活动的期待。

从"参赛对象"上看，比较科学、公正，使中班全体幼儿都能成为参加比赛的选手。

从"活动步骤"上看，比较严密、清晰，三个阶段的安排环环相扣，每个幼儿都有机会得到奖励。

从"评价标准"上看，比较客观、公平，每位家长都是评委，使家长和教师一样，享有评定的权力和地位。

从"地点安排"上看，比较适宜、合理，在多功能厅而不是在本班教室进行比赛，更适合幼儿表现自己的才艺。

从"附录"上看，比较周全、细致，既包括了活动通知、活动报名表，也包括了具体工作安排表、主持人台词、活动评分表、活动奖项以及小奖品等。

3. 班级活动方案

---

[1] 李生兰. 幼儿园家长开放日活动的研究 [D]. 上海：上海师范大学，2007：102—103.

【示例】

方案名称：选购文具[①]

执教：大（三）班 ST

目标：

1. 尝试选择并购买文具，了解最适合一年级小学生的文具。

2. 与小学教师产生亲近感，激发入学愿望。

3. 家长指导幼儿选择文具，并做好记录。

准备：

1. 邀请一位小学教师。

2. 认识钱币，了解购物常识。

3. 参观"学习用品"商店，尝试识别商品价格。

4. 幼儿自带零钱。

5. 教师事先指导家长如何引导幼儿合理选购及记录。

环节：

导入

1. 师：今天，我们要和爸爸妈妈一起去文具用品商店选购文具。

2. 提出要求：

(1) 在选购文具时，我们要挑选实用的、喜欢的文具。

(2) 还要看看价格，算算自己带的钱够不够。

(3) 最后填写购物清单表。

3. 介绍填写购物清单表的内容及方法。

购买文具

1. 提醒幼儿整队出发，注意安全。

2. 到达目的地后，再次提要求。

3. 幼儿自由选择，也可以与同伴商量（教师与家长巡回指导）。

---

① 李生兰. 幼儿园家长开放日活动的研究 [D]. 上海：上海师范大学，2007：102—103.

4. 购买后回园。

互相交流

1. 幼儿相互交流自己购买的物品。

2. 谈谈购买理由。

3. 对同一种物品不同的式样进行比较，讨论哪一种更适合，引出小学教师。

4. 小学教师介绍适合一年级小学生使用的文具（增进幼儿与小学教师的亲近感）。

【评析】这个大班活动方案体现出了如下几个特点：[①]

"选购文具"的主题活动，具有较强的实用性和针对性，不仅反映了教师在大班下学期的工作重点，而且也迎合了家长期待为孩子做好入学准备的心理需求。

活动的三个目标比较清晰、可行，既包括教师对幼儿在认知、情感和行为上的基本要求，也包括家长对孩子的独特引导，凸显了家长开放日的优势。

活动的五项准备工作比较具体、全面。教师不仅要向幼儿传递一些购物知识，邀请小学教师，还要指导家长，让家长"先培训后上岗"。

活动的三个环节比较严密、合理。在"导入"阶段，教师适时地把家长介绍给幼儿，使家长自然成为"班级购物团队"中的重要成员；在"购买文具"阶段，教师注意发挥家长的"巡回指导"作用，但忽略了家长的"维护安全"的作用；在"互相交流"阶段，教师重视让幼儿与同伴及小学教师进行分享、交流，但忽视了让幼儿与一同购物的家长进行分享、交流。

第四节　家园沟通中幼儿评语的撰写

评语是教师向幼儿家长汇报孩子一学期下来在幼儿园生活和学习等方面

[①] 李生兰. 幼儿园家长开放日活动的研究 [D]. 上海：上海师范大学，2007：104.

情况的简练描述。通过教师的视角，家长可以了解孩子各方面的发展，同时，幼儿也通过父母的解读，知道自己的优点和需要改进的方面。评语可以说是家园联系的桥梁之一，是幼儿了解和认识自己的窗口之一。因此，学期末幼儿评语的撰写是教师必须面对的工作，撰写评语也成了教师力求做得完美的一件事。

撰写一则好的幼儿评语是要花功夫的，因为将幼儿评语写得真实而生动是件需要学习、需要练习、需要教师付出时间精力心血的事情。

一、家园沟通中幼儿评语的撰写概述

家园沟通过程中，如何发挥评语的作用，是教师在撰写评语时要思考的问题。因此，幼儿评语的写作也要围绕这些问题来展开。首先，要明确幼儿评语的写作主体。幼儿评语的写作主体是幼儿教师，是教师把自己对幼儿的观察和了解经过删选、提炼，去粗取精地向家长进行汇报的一种媒介。因此，教师要多观察、多关心孩子。其次，要了解幼儿评语的写作受体。大多数人认为，幼儿评语是写给家长看的，因此，许多教师在写作时更多地倾向于站在家长的角度去思考和表述。事实上，幼儿评语的受体既可以是家长，也可以是幼儿。教师在撰写幼儿评语时既要面向幼儿家长，更要面向幼儿。幼儿评语评价的是幼儿，除了要通过评语让家长了解幼儿各个方面的情况之外，还要借助家长之口，让幼儿从家长那里了解到教师对他的肯定和期望。

既然评语是给幼儿家长读和给孩子听的，那教师在写评语时就要考虑下面几个要点。

（一）内容真实，体现个性

有些教师写出的评语，千篇一律，根本看不出不同孩子的个性特点，让人感觉似乎是在写这个孩子，又好像是在写那个孩子，再仔细阅读感觉每个孩子都适用。例如："你是一个聪明、可爱的小男孩，能够自己的事情自己做，对老师有礼貌，愿意与老师交谈。你喜欢看图书、玩玩具，上课能认真听讲，积极举手发言。希望你能越来越棒！"这条评语的内容包括生活、学习、交往等多个方面，涵盖面广却不够具体，感觉很虚幻，这样的表述适用于很多孩子，如万金油一样，哪里都可用，却不能让人看到个性鲜明的独特个体。

还有些教师喜欢用大量的笔墨来夸孩子的优点，而对孩子存在的问题却只是象征性地写一下，朦朦胧胧地提点希望。评语是教师对孩子一学期的发展和表现作出的总结，写出优点的同时也要指出存在的问题，更要提出良好的建议，以便家长全面地了解孩子，在家庭中有针对性地进行教育。如果教师一味地夸奖孩子，可能会给家长造成"我的孩子什么都行"的印象，之后一旦发现孩子存在的问题，会感觉接受不了，反而会抱怨教师对孩子关心太少、了解太少，或是没有实话实说，让家园间的关系剑拔弩张。例如："乖巧可爱的你，尊敬老师，和小朋友能友好相处；你具有良好的生活与学习习惯；你会画画、会唱歌、会讲故事，你大胆自信的表演经常赢得大家的赞赏，真的很了不起！老师相信你一定会成为我们班最出色的孩子！"这条评语基本上都是写孩子的优点，但可能这个孩子在上课时不爱听讲，不爱思考，不能积极回答教师的问题，而教师在写评语时没有将这一缺点指出，就会误导家长，从而不能很好地引导孩子。因此，教师在写评语时也要适当对孩子提出期望和要求，这时语言要委婉，把握分寸，既能让孩子知道自己在哪些方面需要改进，又不能伤害他们稚嫩的自尊心。比如，"当老师提问的时候，如果能看到你高高举起的小手，老师该多高兴啊"、"要是你能让小椅子陪你一起安静听讲，那你的本领可就大了"。

因此，在写作幼儿评语时，在内容上应尽可能地真实评价，体现出每个孩子的性格特点，孩子具有的优点和长处，孩子的点滴进步，教师要写出来；孩子身上存在的缺点和不足，教师也要写出来，这样才能让孩子"立体"起来，也才能让家长了解自己孩子在园的大致情况、孩子的优缺点，采取更有针对性的教育。

（二）语言简洁，富含感情

评语是要写给家长和孩子看的，教师写评语的主要目的是使家长了解孩子在幼儿园的各方面情况，使幼儿通过评语认识教师眼中的"我"。幼儿对自我的认识是来自他人对自己的评价，尤其教师的评价对幼儿自我的形成，对其自我评价能力的发展很重要。因此，教师在写评语时语言应该简洁而富有感情。

一方面，教师写的评语要让家长愿意接受。家长是幼儿评语的主要读者，评语中所用的文字就必须考虑家长能否理解、接受，能否让家长产生共鸣、引起重视。常见的"遵守规则、爱学习"等评价式语言虽说言简意赅，但这对于多数幼儿来说都是用之不错、读之无味、毫无个性可言的评语，家长也不能从中清晰地认识到孩子的表现到底是一个怎样的状态。评语应展示孩子的一些较典型的事例，让家长看到孩子的具体表现，同时也可结合孩子的情况巧妙地提出家长需要注意的问题和具体的操作性建议。这样的评语才有可能吸引家长的注意力，帮助家长认识了解孩子，与教师达成共识，并在产生共鸣的基础上积极配合教师对幼儿进行教育。

另一方面，教师写的评语要让幼儿理解喜爱。幼儿对语言文字的理解水平有限，所以，评语中所用到的语言要尽量浅显易懂，要充满感情色彩。"你的笑脸像太阳，照得老师和小朋友心里很温暖"，"你的歌声像百灵鸟，听得我们心里甜蜜蜜"，"你是我们的智多星，无论什么问题都难不倒你"……类似的语言，能让幼儿从中感受到教师对自己的肯定和喜爱。

简而言之，幼儿教师撰写评语在语言上要注意四个方面：一是描绘的事例要具体有代表性，二是言词简洁富含感情，三是对幼儿的评语要中肯有期望，四是提出的建议有针对性。

（三）时间连贯，具延续性

有些教师对同一个幼儿写评语时，每学期的内容是独立的，在时间先后上看不出幼儿发展的连续性。幼儿的发展既具有阶段性，也具有连续性。如果评语没有延续性，在教育效果的有效性上就会有影响。评语在内容对上学期提出的要求得有相应的信息去呼应，要体现出幼儿在这个方面是否有所改进和提高；本学期幼儿存在的问题与不足，希望幼儿下学期努力的地方，对幼儿提出的新要求与希望，在下学期的评语内容中也应有所体现。如果评语不注意前后的延续性，会让细心的家长觉得教师的工作做得不够认真、不够细致。因此，在评语中如果指出了幼儿存在的问题或需要改进的方面，那么，在下学期的工作中，就要有一些教育措施，在期末的评语中，幼儿这方面的发展也要有所体现，是进步了，还是需要继续努力，都要有所呼应。这样的评语才有效，才能让家长、幼儿都乐意接受。

总的来说，教师在撰写幼儿评语时除了以上原则需要把握之外，还要做到：态度严肃认真；评语的内容要全面、客观、准确；语言亲切、自然，并表现为直接肯定多，委婉提出不足少。教师在写完评语之后，最好与同班教师或在年级组教师之间进行互相评阅、修改，再由园领导审阅，最后在家园联系手册上面进行书面誊写。

评语是家园沟通的一个重要窗口，也是家长工作的一个重要方面，为了使教师的教学工作、家长工作有更大的进步，为了幼儿更好地发展，教师要以对幼儿和家长负责的态度去写，平时在生活中做个有心人。①

首先，教师要善于观察留意幼儿的言行，随时记录幼儿有个性的行为。活泼好动、聪明可爱的孩子容易给教师留下深刻的印象，那些默默无闻的孩子容易被教师"忽视"，因此，教师要养成与这些幼儿交流的习惯，这样到期末写评语时才能有的放矢。

其次，幼儿园是正副班主任搭班的，所以写评语不是正班主任一个人的事情。所有教师写评语之前都应对班上所有的孩子进行分析、记录，从而比较全面地对孩子进行较准确的评价。在评语后的签名也应是两位教师的名字，否则向家长反映的情况肯定是某个教师的片面之词，也就是说是一个教师向家长反映的孩子在幼儿园的"一半"情况，失去了对孩子较为客观、"立体"的评价。

最后，写评语一定要有底稿。因为在有限的评语手册上要反映幼儿一学

---

① 幼儿评语是家园联系的桥梁和纽带．http://wenku.baidu.com/view/7695b12b4b73f242336c5fee.html

期的主要表现，所写的句子肯定要精练，可以说是浓缩的精华。而且为了让家长看了舒心，在实事求是反映情况的同时，教师的书写语气一定要诚恳委婉。这就要求教师在落笔之前必须经过认真思考，深思熟虑，不断地提炼语句。

二、家园沟通中幼儿评语的写作要点与示例

幼儿园的领导和教师对幼儿评语的写作工作都很重视，评语的写作内容与风格也日益丰富多样，比之以前格式化、说教式的评语灵活风趣得多。

（一）幼儿评语的写作要点

1. 内容涵盖全面

在写幼儿评语时，评语内容可以涉及孩子的生活、学习、交往活动等多个方面，也可从五大领域的角度撰写孩子在健康、社会、语言、科学、艺术方面的表现与进步，还可以从其他的分类标准来写幼儿评语。另外，幼儿园教师撰写的评语都是一分为二的，既要赞扬幼儿的优点，也要含蓄地指出幼儿的不足之处，以全面地评价促进幼儿的发展。

2. 形式清楚明白

幼儿评语比较简短，少则几十字，多则一两百字。在形式上没有具体的规定，可以随教师自己的喜好来进行。但总体来说，对孩子的评语在优缺点和提出的要求和希望方面，最好能分段，这样让家长和孩子能清楚明白、一目了然。

3. 语言规范易懂

语言上尽量表达规范，不一定要求教师写得特别有文采，但至少应没有语法错误，没有病句。有的教师由于写作能力不是很强，在写评语时常出现语法错误、人称不统一、错字、标点符号乱用等情况，这样的评语难免让家长对教师的文化素养产生怀疑，难以从心眼里佩服教师、尊敬教师，这就影响了教师的形象。

例如，"你活泼、可爱、懂事、有爱心，小朋友都喜欢和你做朋友。平时

能经常帮助老师做事情。绘画、动手能力都有很大的进步。生活习惯很好。如果上课能更专心听讲，那就更棒了。"这则评语前面三个句号应改为分号，最后一句则加上主语，就更通顺了。

再如，"最喜欢你那张纯真、甜美的笑脸，你那张甜甜的小嘴每次都叫的老师开心极了。你很愿意和老师亲近，经常像小猴子一样快速地爬到老师的背上，亲亲老师的脸。"这则评语是典型的"的、地、得"混用，这样类似的错误在教师撰写的评语中相当普遍。

（二）幼儿评语的撰写原则

1. 真实性原则

评语应真实地反映幼儿的发展情况，不能只投家长所好，尽挑幼儿表现好的说，也不能从个人情感出发，只报忧不报喜。评语应该体现出真实性，从而帮助家长正确地了解自己孩子的优缺点，在家里开展有的放矢的教育。

2. 关爱性原则

教师写评语必须用"爱"去写，用"情"去感动幼儿、家长，要反复地斟酌，尽量做到贴切中肯，词恳意深，字字句句都浸透着教师的拳拳爱心、殷殷深情，让幼儿和家长引起共鸣，从内心接纳教师的评价。评语如果没有教师感情的投入，内容就会显得平板无味、缺乏内涵。有人说，评语就像一面镜子，无声地折射出教师的学识、素质、师德……

3. 全面性原则

全面性原则并非评语的内容要全面，对幼儿各方面的内容都面面俱到，相反，当幼儿的表现内容较多时，我们还应采用"抓西瓜、舍芝麻"的办法，针对其主要优缺点加以剖析。因此，写评语前教师要广泛听取配班老师、保育员以及其他幼儿同伴的意见，从幼儿的品行、学习、劳动、社会工作和参与活动的表现等诸方面进行分析、综合，分清现象和本质，整合出能反映幼儿思想品行、有个性的材料，以写出富有个性的客观公正的评语。同时，评语写好后也可将草稿发给配班老师阅读，征求意见，发现有出入，及时改进。

（三）幼儿评语的撰写方法[①]

1. 褒贬融合法

教师写评语，要褒中有贬，贬中有褒，两者有机结合。只写褒，让家长看不到孩子的缺点，偏失教育的方向；只写贬，家长看不到孩子的优点，有的家长会对孩子失去信心，有的家长会对幼儿园、教师有意见，更甚者会退学、转学等。所以，褒贬结合，寓贬于褒，这是写评语的重要技巧。

你的大胆、主动让你有了很多的朋友，学会了很多的本领，但有时却让老师为你的安全而担心；课堂上你思维活跃，总是第一个回答出老师的问题，但你不举手就乱喊这会影响其他小朋友思考问题；午餐时你总是津津有味地快速吃完自己的饭菜，但午睡时你总是翻来覆去，有时还要去扰乱其他小朋友睡觉。

如此具有个性的你，让老师欢喜，又让老师担忧。

希望下学期的你能给老师更多的惊喜！

2. 希冀鼓励法

在写评语时，多写一些鼓励希望的话语，让幼儿能看到自己的缺点，也乐意接受委婉的批评意见，明确下学期努力的方向，激起上进心。

聪明好动的你每天高高兴兴地来到幼儿园。

你很快乐，脸上总洋溢着甜甜的笑容；

你很能干，总努力地尝试自己的事情自己做；

你很聪明，总见你歪着脑袋认真思考老师提出的问题；

你很勇敢，体育活动中你的表现总是最棒的！

如果你学本领时能更专心些、细心些，平时多和小朋友商量，多帮助小朋友，那你一定会更出色！

加油哦，老师相信升入中班的你一定会有更大的进步！

3. 榜样借助法

[①] 如何撰写幼儿评语？http://www.baby611.com/jiaoan/yjzl/jspy/201211/2997471.html

教师也可借助榜样的作用，引导幼儿积极进取。这个榜样可以是古今中外的英雄、伟人，也可以是幼儿的同伴，更可以是幼儿身边的亲人，让幼儿从榜样的身上看到自己学习努力的方向。

你有位可敬的警官爸爸，老师希望你在生活中、学习上也像你爸爸那样勇敢、坚强、有毅力！

爱迪生从小就是个爱动脑筋、喜欢问为什么的孩子，老师相信如此好学、主动的你也能像爱迪生那样坚持不懈、努力探索，在小学里取得更好的成绩。

4. 具体事例法

写评语，不能泛泛而谈，空洞无内容，教师要抓住幼儿表现的具体事例，且突出其重点来写。同时，教师若能把幼儿的兴趣特长与评语内容有机地结合起来，引起幼儿心理情感的共鸣，则更能发挥评语的激励性。

在幼儿园才艺比赛中，你那自信、大胆的表演赢得了大家的阵阵掌声，你变勇敢了！老师相信，只要你继续努力，成功一定属于你！

印象最深的是在为汶川大地震募捐时，你拿出所有的压岁钱，为灾区的孩子献上自己的一片爱心。如此富有爱心的你，怎能不让老师感动！

5. 人称变换法

给幼儿写评语，人称代词很重要。教师可多采用第二人称的写法，用对话的形式向幼儿娓娓道来，让幼儿在读评语时，犹如看到老师正在和蔼可亲地和他交谈。那种居高临下，用教训、指责的口气写出的评语则会适得其反。

（四）示例与评析[1]

【示例1】

你总是悄悄地掩饰自己的聪明才智，不经意间让我们大吃一惊。你如此灵活地运用比较、排序、类推的逻辑方法，解决计算中的难题，让我们拥有了一个美丽的愿望：也许不久的将来，我们的明朗（幼儿名字）成为了真正的数学家。好好努力吧！

---

[1] 商珺宁. 关于幼儿评语［J］. 学前教育（幼教版），2006（7）.

【评析】

　　这则评语生动形象地展示了幼儿明朗在计算方面的优势，但用大量的笔墨描述了优点，对孩子存在的问题却只是象征性地展望了一下，朦朦胧胧地说了希望。幼儿评语是教师对幼儿一学期的发展和表现作出的总结，因此还要指出存在的问题，并提出良好的建议，以便家长全面地了解孩子，在家庭中有针对性地进行教育。实际上，幼儿明朗平时非常喜欢参加各种探索活动，尤其是计算操作，每次完成得又快又准确，可就是不乐意在集体面前表现自己。通过这样的回顾与分析，教师可以对评语进行这样的调整："你总是悄悄地掩饰自己的聪明才智……我们的明朗成为了真正的数学家。同时，老师想悄悄地告诉你：别忘记在适当的时候勇敢地说出自己的想法，多多展示自己，让更多的小朋友了解你哟！我们期待着！"

【示例 2】

　　快乐的时光总是过得很快，转眼间跟你在一起已经一个学期了，上课时常常能看到你高举的小手和求知的眼神。这半年里你学到了不少本领，语言表达上取得了很大的进步。希望你在新的学期里，加强动手方面的锻炼，相信你一定行！

【评析】

　　这则评语乍一看，文笔流畅，语言亲切，可细一品，会觉得哪个孩子都像，又哪个孩子都不像，适合很多幼儿。每个幼儿都是独立认识、思考、发现、幻想和表达世界的栩栩如生的孩子，是自我成长中的主角，是与别的孩子不一样的个体。所以，在撰写评语时，班级的几位教师要互相沟通，可用聊天的方式交流每个幼儿各方面的情况，然后再整合这些信息，抓住幼儿的个性特点，有针对性地进行描述与总结。

【示例 3】

　　某教师对某幼儿连续三学期的评语：

　　你刚来班级不久，就拥有了许多朋友，你爱动脑筋，课上常看到你举起的小手，儿歌还学得特别棒。在新的一年里，老师盼着你在家中也能坚持自己的事情自己做，做到在家和在幼儿园一个样，好吗？

　　快乐聪明的小精灵，你的创意引起大家的惊叹，你的温馨话语给我们带来好一阵感动，你的"神速"动作又给我们以无穷的紧张和担忧。安静认真是你取胜的法宝，只要你拥有了它，你就一定能成为最棒的小小"男子汉"！

　　天真、纯朴的你在班上有很多朋友，你做的手工真让我们惊叹。看到你开始接纳计算活动了，我们更相信：只要再加把劲，你的计算水平一定会突飞猛进。在新的一年里，老师祝你健康、快乐，取得更大的进步！

【评析】

　　这三则评语单独来看，都写得不错，既生动凝练地勾画出孩子的闪光点，又机敏智慧地点出不足和努力的方向。但这些是对一个幼儿连续三学期的评语，细细品读一下就会发现，每学期的幼儿评语都相对独立，没有对上学期提出的要求有所呼应，而前学期提出的新要求与希望在后一学期也没有体现出幼儿是否有所改进和提高。在评语中不注意前后的连贯性，会让细心的家长觉得教师的工作做得不够尽心、严谨。因此，在评语中如果指出了幼儿存在的问题或需要改进的方面，那么，在后一学期的工作中就要有一些教育措施，在期末的评语中要体现幼儿这方面的发展情况，是进步了，还是需要继续努力，都要有所呼应。

【思考与训练】

　　1. 家长会工作文案、家长开放日工作文案和家园沟通中幼儿评语的写作要点分别有哪些？

　　2. 简述家园沟通中幼儿评语的撰写原则。

图书在版编目（CIP）数据

幼儿园文案轻松写/张莉，李平编著.—福州：福建教育出版社，2015.1
ISBN 978-7-5334-6702-9

Ⅰ.①幼… Ⅱ.①张… ②李… Ⅲ.①幼教人员－教案（教育）－写作 Ⅳ.①G615

中国版本图书馆CIP数据核字（2014）第280925号

全国幼儿教师培训用书
幼儿园文案轻松写
张莉 李平 编著

出版发行	海峡出版发行集团 福建教育出版社 （福州梦山路27号 邮编：350001 网址：www.fep.com.cn） 编辑部电话：0591－83726908 发行部电话：0591－83721876 87115073
出版人	黄 旭
印 刷	福建省金盾彩色印刷有限公司 （福州市晋安区福光路23号，邮编：350012）
开 本	720毫米×1000毫米 1/16
印 张	11.25
字 数	167千
插 页	2
版 次	2015年1月第1版 2015年1月第1次印刷
书 号	ISBN 978-7-5334-6702-9
定 价	26.00元

如发现本书印装质量问题，影响阅读，
请向本社出版科（电话：0591－83726019）调换。